乡村振兴战略下
农村经济发展研究

张 博 著

中国商务出版社
CHINA COMMERCE AND TRADE PRESS

图书在版编目（CIP）数据

乡村振兴战略下农村经济发展研究 / 张博著. — 北京：中国商务出版社, 2022.9

ISBN 978-7-5103-4467-1

Ⅰ. ①乡… Ⅱ. ①张… Ⅲ. ①农村经济发展－研究－中国 Ⅳ. ①F323

中国版本图书馆CIP数据核字(2022)第177392号

乡村振兴战略下农村经济发展研究

XIANGCUN ZHENXING ZHANLÜE XIA NONGCUN JINGJI FAZHAN YANJIU

张博　著

出　　　版：中国商务出版社	
地　　　址：北京市东城区安外东后巷28号	邮　编：100710
责任部门：发展事业部（010-64218072）	
责任编辑：陈红雷	
直销客服：010-64515210	
总 发 行：中国商务出版社发行部（010-64208388　64515150）	
网购零售：中国商务出版社淘宝店（010-64286917）	
网　　　址：http://www.cctpress.com	
网　　　店：https://shop595663922.taobao.com	
邮　　　箱：295402859@qq.com	
排　　　版：北京宏进时代出版策划有限公司	
印　　　刷：廊坊市广阳区九洲印刷厂	
开　　　本：787毫米×1092毫米　1/16	
印　　　张：9.75	字　数：225千字
版　　　次：2023年1月第1版	印　次：2023年1月第1次印刷
书　　　号：ISBN 978-7-5103-4467-1	
定　　　价：63.00元	

前　言

党的十九大报告指出，要坚决打赢脱贫攻坚战，让贫困人口和贫困地区同全国一道进入全面小康社会；确保到二〇二〇年我国现行标准下农村贫困人口实现脱贫，贫困县全部摘帽，解决区域性整体贫困，做到脱真贫、真脱贫。报告同时指出，我国要实施乡村振兴战略。因此，可以说精准脱贫与乡村振兴战略相辅相成，共同对我国的农村经济发展起到重要作用。报告指出，农业农村农民问题是关系国计民生的根本性问题，必须始终把解决好"三农"问题作为全党工作重中之重。2018 年 3 月，李克强总理在政府工作报告中也明确指出，要大力实施乡村振兴战略。科学制定规划，健全城乡融合发展体制机制，依靠改革创新壮大乡村发展新动能。

农村经济发展是乡村振兴的基础，作为社会经济重要组成部分的农村经济，对农村社会的发展稳定以及乡村振兴战略目标的实现发挥着极其重要的作用。本书从乡村振兴战略的背景目的、历史意义、发展农村经济的途径和建议等方面进行研究，进一步剖析了导致农村经济发展存在的问题及其原因，并对乡村振兴战略下农村经济创新发展的路径提出一些思考，以期为实现乡村振兴提供借鉴。

作者在撰写本书的过程中，参考了相关专家、学者的著作，从中获得了许多有益的成果、见解，谨致以诚挚的谢意。由于作者水平有限，书中难免存在不足，敬请同行专家、学者和广大读者批评指正。

目　录

第一章　农村社会发展的变迁

第一节　农村社会概述

一、社会及其本质

社会指在特定环境下共同生活的人群，能够长久维持的、彼此不能够离开的、相依为命的一种不容易改变的结构。在社会学中，社会指的是由有一定联系、相互依存的人们组成的超乎个人的、有机的整体，是人们的社会生活体系。马克思主义观点认为，社会是人们通过交往形成的社会关系的总和，是人类生活的共同体。人类社会一经形成，就要发挥作用，这种作用就成为社会功能。社会的基本功能主要有整合功能、交流功能、导向功能、继承和发展功能等。人的生命短暂，人类一代代更替频繁，而社会则是长存的。人类创造的物质和精神文化通过社会积累而发展。

社会的本质是指规定和制约各种社会现象的内在基础和根据。马克思指出，"社会是人们交互作用的产物"。"生产关系总和就构成所谓的社会关系，并且是构成一个处于一定历史发展阶段上的社会，是具有独有特征的社会。"马克思主义社会学认为，社会是一个整体系统，构成社会统一体的各个组成部分是相互包含、相互依存的。其中，生产关系的总和即生产方式构成了一个社会存在、运行和发展的基础，是规定和制约一切社会关系和社会现象的本质所在。

社会是由一些基本要素结合形成的，主要包括人口、自然环境、文化三大基本要素。马克思指出："全部人类历史的第一个前提无疑是有生命的个人的存在。"人口是社会生活的主体，是一切社会生活的基础与出发点，是各种社会关系的体现者。人口以其数量、质量构成、分布和变动等来影响和作用于社会，即社会中的人口要素包括数量、质量、结构三个方面。人类社会的自然环境要素是指人类生存和发展所依赖的各种自然条件的总和，主要包括资源和环境两个方面，即地理位置、气候、地貌（地形、土壤）和各种自然资源。人类社会存在于现实的自然环境中，人类不但要在社会范围内彼此交互联系，而且要与自然界发生联系，以求得社会的发展。社会学意义上的文化要素包含人类在社会活动中创立和积累的如语言、历史、习俗、艺术、法律、制度、价值观念及其附属物等。马克思认为："当人开始生产自己的生活资料的时候，这一步是由他们的肉体组织所决定的，人本身就开始把自己和动物区别开来。人们生产自己的生活资料，同时间接地生产着自己的物质生活本身。"文化是个人社会化的重要条件，也是人类社会发展的动力。国家或民族的历史、地理、风土人情、传统习俗、生活方式、文学艺术、行为规范、思维方式、价值观念等文化因素，既是人类相互之间进行交流的一种能够传承的意识形态，同时又规范、指导着社会成员的思想和行为，维系着人类社会的关系，构成稳定的社会秩序，推动了社会发展。

社会结构指整体社会中各基本组成部分之间比较稳定的关系或构成方式。社会结构具有紧密结合性、层次性、相对稳定性等特征。社会基本结构主要包含三部分内容：第一，由人的劳动生产活动形成的人与自然界的关系，实现着社会与自然界的物质、能量与信息的交换，构成了生产力系统。第二，在劳动生产活动中形成的人与人之间的联系，使生产力获得具体的社会形式，构成了生产关系系统。第三，以生产关系为基础派生出来的其他各种社会关系，并建立起来的由经济、政治、文化、社会、生态等意识形态组成的上层建筑系统。社会结构的基本要素主要包括社会行为、社会关系、社会地位、社会角色、社会群体、社会制度、社区等，这是了解社会、进行社会运行状况分析的重要基础。

二、农村社会

所谓农村社会，就是由农村居民所组成的以农业生产活动为基础的社会。《社会科学百科全书》将其定义为："农业为主要职业，人与自然环境更接近，社会群体小，人口稀疏，社会同质性强，内部分化和分工作，人口流动率低，社会交往少，地域窄，面对面活动的区域共同体。"《社会学词典》将其定义为："以各种农业生产和其他活动为基本特征，由同质性劳动活动人口组成的，社会关系比较简单，人口相对稀疏的区域社会。"

（一）农村社会的主要特征

综合学界对农村社会的定义，可以将传统农村社会的主要特征归结为以下六个方面。

（1）以家庭为基本生产单位、以手工为主要生产方式的自给自足的自然经济在社会中占主导地位，生产的目的主要是为满足家庭生活需要而不是交换。

（2）社会分工不发达，社会分化程度低。

（3）社会流动性弱，各阶级阶层之间壁垒森严。社会关系以血缘和地缘关系为主，个人的发展受到极大限制。

（4）社会管理原则是家长制，人治为政治系统运行的基本方式。

（5）人们的思想观念陈旧，迷信权威，惧怕变革。

（6）竞争机制不健全、生活节奏缓慢，导致社会的变革和进步也非常缓慢，农业社会中人与自然之间保持着一种顺应的关系，表现为人们拥有一个优越的生态环境或生存空间，日常生活中人际交往的人情味浓厚，节奏舒缓的生活使人较少存在心理紧张和精神压抑，伦理型的规范对于抑制一般性的越轨行为有着不可替代的作用。

（二）农村社会的主体

农民是农村社会的主体，其既是农村社会的建设者，也是推进农村社会发展的主力军。农民曾经是一个宽泛的概念，长期以来可以从不同角度和不同层次进行理解。

作为一种职业，农民是指以土地为生、直接从事农业生产的劳动者。"土地"是农民的命根，他们以土地为主要生产资料，长期专门从事农业生产劳动，这是他们最普通的谋生方式。在发达国家，农民完全是一个职业概念，指的是经营农场的人。这个概念与渔民、工匠、商人等职业并列。而所有这些职业的就业者都具有同样的公民权利，只不过从事的职业有别。务农者一旦不再务农也就不是农民了，但无论务农与否，他们与"市民"之间并无身份等级界限。

作为一种阶级概念，农民是指没有土地或只占有少量土地的农民利益群体，一般与地主阶级对立。农民由于数量众多，无论在哪个国家，都是社会中一个不可忽视的阶层和力量，也是马克思、恩格斯在无产阶级革命中很重视的因素。"农民一直都是人口、生产和政治力量中非常重要的因素"，恩格斯认为，"在还是农民时就能被我们争取过来的农民人数越多，社会改造的实现就会越迅速和越容易"。1933 年 10 月，毛泽东在《怎样分析农村阶级》中提出，农村阶级可以划分为地主、富农、中农、贫农、工人五类。1950 年 6 月 30 日开始，根据政务院《关于划分农村阶级成分的决定》精神，我国开始对全国范围的农村阶级成分进行划分，将农村阶级划分成"地主、富农、中农、贫农、工人"，其中中农又分上中农、中农和下中农。

作为一种身份概念，凡是具有农村户籍的人口均称为农民。我国的城乡二元户籍制度以 1958 年 1 月《中华人民共和国户口登记条例》的公布施行为标志，对人口自由流动实行严格限制和政府管制，第一次明确将城乡居民区分为"农业户口"和"非农业户口"两种不同户籍。其规范性条款把我国人口一分为二，即农业人口——农民、非农业人口（城市人）——非农民。户籍制度严格地规定了农民的身份，他们被束缚在土地上。随着改革开放的不断深入和城乡交流的日益广泛，该制度已引起越来越广泛的争议。从 2005 年年底开始，我国开始着手改革户籍制度。2016 年 2 月，国务院印发《关于深入推进新型城镇化建设的若干意见》要求，积极推进农业转移人口市民化，加快落实户籍制度改革政策，鼓励各地区进一步放宽落户条件；全面实行居住证制度，推进居住证制度覆盖全部未落户城镇常住人口；推进城镇基本公共服务常住人口全覆盖；加快建立农业转移人口市民化激励机制。

从世界范围看，从事农业生产是农民的本质特征和最基本的特征。但在我国有其特殊性，农民主要不是指职业，而是指身份，也就是指农民在社会结构中的位置或社会关系中的地位。人们谈到"农民"时想到的并不仅仅是一种职业，也是一种社会等级、一种身份与生存状态、一种社会的组织方式、一种文化模式乃至心理结构。自改革开放以来，通过经济、政治、文化、教育等一系列深入改革，我国农民的自主权和社会流动增强了，职业也从单一化走向多元化。

（三）农村社会的构成

1. 农村人口

农村人口是根据生活地区的不同对人口的一种分类，具体是指居住和生活在农村地区的、一定数量和质量的人的总称。在社会发展历程相当长时间内，农村人口是中国人口的主体。农村人口包含特定的自然属性和社会属性。在自然属性方面，农村人口表现出不同于城镇人口的特定的出生、成长、繁衍、衰老和死亡的生物性规律；在社会属性方面，农村人口也表现出特定的教育、家庭、婚姻、民族、文化、职业构成等规律。研究和分析农村人口，主要通过农村人口的性别结构、年龄结构、教育结构、职业结构、家庭人口规模等指标来进行衡量和反映。

2. 农村婚姻与家庭

婚姻是一种社会制度，指男女依照一定的社会风俗、伦理或法律规范而建立起来的夫妻关系。在旧中国，农村男女青年对自己的婚姻无权做主，基本由父母包办，嫁娶都是为了家庭的需要。新中国成立后，废除了买卖婚姻和包办婚姻的封建婚姻制度，提倡自由恋爱和婚姻自主，农村青年在婚姻方面有了一定的自主性。对于当代的农村青年而言，婚姻不再是为了完成任务或传宗接代，而是追求个人幸福生活的一个重要因素。但是，由于我国不同地区的经济发展水平差异，不同地区的农村青年在择偶标准上也有差异。在经济落后的地区，对另一半家庭经济条件的考虑较多；在经济较发达地区，则更多关注个人因素，注重个人未来发展潜力与感情因素。

家庭是指以婚姻关系、血缘关系或领养关系为纽带和标志的社会共同生活体。家庭是农村社会的细胞，在农村社会结构中占据着非常重要的位置。由于历史与传统因素，我国的"户"是以居住地为标志的地域性群体，有无婚姻关系、血缘关系或领养关系并不是判断"户"是否存在的标准。《中华人民共和国户口管理条例》第5条规定，户口登记以户为单位。同主管人共同居住一处的立为一户，以主管人为户主。单身居住的自立一户，以本人为户主。居住在机关、团体、学校、企业、事业等单位内部和公共宿舍的户口共立一户或者分别立户。因此，户与家庭并非一一对应的关系。改革开放前，中国农村家庭的范围往往要小于户的范围，即一户中可能有几个家庭。改革开放后，特别是近年来，经济发展为人们的独立生活和发展提供了必要的基础。

随着经济社会的发展，我国农村家庭目前在结构上呈现出类型核心化、规模小型化、发展多元化等特点；在功能上呈现出生产互助功能减弱，赡养、政治、教育功能弱化，生育功能退化等特点；在家庭关系上呈现出夫妻关系成为家庭核心、女性在家庭中的地位上升、子辈在家庭中的地位提高、家庭关系日益平等特点。但一些新的问题也接踵而来，如非婚同居、婚外同居、闪婚与闪离、家庭暴力现象时有发生，离婚率逐年上升，部分农村地区离婚率已高于城市。另外，由于人口生育政策、城乡发展二元差距、农民工流动等因素导致的农村人口老龄化、留守儿童、留守妇女、留守老人也是目前农村家庭亟待解决的问题。

3. 农村经济

农村经济包括农村物质资料生产过程中的经济关系、经济活动规律及其应用，以及农民作为农村市场主体，在生产、分配、交换、消费活动中产生的各种经济社会关系。具体而言，农村经济包括粮食安全、特色农业、农业效益、农业发展后劲、农民收入和农村改革等内容。农村经济是国民经济的基本单元，是我国经济整体中的重要组成部分。自改革开放以来，经过近40多年的发展，我国农村经济得到显著发展。国家发改委数据表明，2015年，全国粮食产量达到6.21亿吨，棉花、油料、糖料、肉类、禽蛋、水果、蔬菜、水产、天然橡胶等农产品稳定增长，市场供应充足，农产品质量安全水平不断提升，农业物质技术装备水平明显提高。同时，农业科技进步贡献率、农作物耕种收综合机械化率分别达到56%和63%，农田有效灌溉面积占比超过52%，灌溉水有效利用系数达到0.532。农民增收实现新突破，2015年，全国农村居民人均可支配收入达到11422元，工资性收入对农民增收的贡献率达到48%，成为农民增收的主渠道。

"十三五"期间，农业发展的主要任务就是加快转变农业发展方式，大力推进农业现代化。通过增强农产品安全保障能力、构建现代农业经营体系、提高农业技术装备和信息化水平、完善农业支持保护制度等工作，加快转变农业发展方式，着力构建现代农业产业体系、生产体系、经营体系，提高农业质量、效益和竞争力，走产出高效、产品安全、资源节约、环境友好的农业现代化道路。根据《中华人民共和国国民经济和社会发展第十三个五年规划纲要》的有关部署，国家发展改革委于2016年10月印发《全国农村经济发展"十三五"规划》提出，要紧紧围绕做强农业、富裕农民、繁荣农村，以农业供给侧结构性改革为主线，持续夯实现代农业基础，转变农业发展方式，推进农村产业融合，构建现代农业产业体系、生产体系和经营体系，推动城乡协调发展，建设美丽宜居乡村，加强山水林田湖保护和修复，提高生态安全保障能力，实现农业农村现代化与工业化、信息化、城镇化同步推进。

4. 农村政治

1949年10月，中华人民共和国成立后，通过互助组、初级社、高级社等生产集体化举措，对农村实行了社会主义改造，建成了"政社合一"的人民公社。在人民公社体制下，形成了由公社、生产大队、生产队、生产小组、社员组成的权力结构，以集体化和计划经济为基础的党政体制取代了以分散和小农经济为基础的传统农村政治体制。但人民公社制度在运行过程中，呈现出权力过分集中、资源高度统筹、管理依赖政治强制等弊端，严重抑制了个人的生产积极性和社会参与能力，阻碍了农村的发展。1983年10月，中共中央、国务院发出《关于实行政社分开建立乡政府的通知》，强调政社分开，乡镇一级政府作为基层政权而不是一级经济单位，在农村管理上走村民自治的道路。1998年11月，第九届全国人民代表大会常务委员会第五次会议通过《中华人民共和国村民委员会组织法》，中国农村村民自治由此正式步入法治化轨道。

2005年10月，《中共中央关于制定国民经济和社会发展第十一个五年规划的建议》（以下简称《建议》）提出，要按照"生产发展、生活宽裕、乡风文明、村容整洁、管理民主"的要求，扎实推进社会主义新农村建设。《建议》提出，"管理民主是新农村建设的政治保证"，显示了对农民群众政治权利的尊重和维护。只有进一步扩大农村基层民主，完善村民自治制度，真正让农民群众当家作主，才能调动农民群众的积极性，真正建设好社会主义新农村。因此，目前我国农村政治建设的重点是在加强农民民主素质教育的基础上，切实加强农村基层民主制度建设和农村法治建设，引导农民依法行使自己的民主权利。

5.农村文化

农村文化是指在特定的农村社会生产方式基础上，以农民为主体，建立在农村社区基础上的文化，它是农民文化素质、价值观、交往方式、生活方式等内容的综合反映。农村文化主要以民间文化、民俗等方式呈现。民间文化的内容非常广泛，包括传说、故事、说唱、文学、舞蹈、音乐、绘画、工艺、器物、建筑等。民俗主要指在民间不以文字为媒介，通过口头传承而保留下来的文化或关于生活的各个方面的知识，包括传统风俗、习惯、舞蹈、歌曲、故事和谚语等。农村文化是一种以农民为主体的文化，是农民在长期的生产和生活中创造出来的文化。从传统的农村文化来看，具有乡土性、封闭性、相对静态性、多样性等特点。但农村文化同样具有文化的变迁性，它也会随着经济社会的发展而不断变化。1978年改革开放以后，随着农村生产力得到解放和发展，一些民俗文化也得到了相应的恢复。但近年来，随着农民主体身份的变化，农村城镇化得到了快速发展，农村的民俗文化又伴随着其城镇化和市场经济的发展而出现严重萎缩现象，甚至消亡。

每一种文化都体现出具有约束性、普遍起制约作用的行为规范，农村文化在农村社会中对民众的日常行为方式及思想观念均有着重要的影响。2005年11月，中共中央办公厅、国务院办公厅联合发出《关于进一步加强农村文化建设的意见》（以下简称《意见》）提出，加强农村文化建成是全面建成小康社会的内在要求，是树立和落实科学发展观、构建社会主义和谐社会的重要内容，是建设社会主义新农村、满足广大农民群众多层次多方面精神文化需求的有效途径，对于提高党的执政能力和巩固党的执政基础，促进农村经济发展和社会进步，实现农村物质文明、政治文明和精神文明协调发展，具有重大意义。《意见》要求以丰富农民群众精神文化生活为根本，开展多种形式的群众文化活动，积极引导广大农民群众崇尚科学、破除迷信、移风易俗、抵制腐朽文化，从而提高农民群众的思想道德水平和科学文化素质，形成文明健康的生活方式和社会风尚。2015年1月，中共中央办公厅、国务院办公厅印发《关于加快构建现代公共文化服务体系的意见》强调，要统筹推进公共文化服务均衡发展，促进城乡基本公共文化服务均等化，提出要加大对农村民间文化艺术的扶持力度，推进"三农"出版物出版发行、广播电视涉农节目制作和农村题材文艺作品创作，深入实施边远贫困地区、边疆民族地区、革命老区人才文化工作者专项支持计划，支持老少边穷地区挖掘、开发、利用民族民间文化资源，充实公共文化服务内容等，进一步明确农村文化建设的方向和举措，为加强农村文化建设和推进农村文化的发展提供重要的制度保障。

6. 农村社会保障

农村社会保障主要是指以法律为依据，国家、社会群体、个人对暂时或永久丧失劳动能力以及因各种原因，导致生活困难的农户给予物质帮助的一种社会保障制度。农村社会保障目的是改善和提高农民的物质文化生活质量，主要包括农村社会救助、农村社会保险、农村社会福利、农村医疗保障和农村优抚安置等。我国的农村社会保障制度作为一种社会行为源远流长，随着社会的发展，农村社会保障的性质从古代农业文明时期的补救性质向现代社会的制度化方向转变，保障的范围从狭隘性、单一性向社会公共性、综合性转变，保障的理念也从传统的注重社会整体和国家调控向现代的强调个人权利和政府义务转变。

加强农村社会保障体系建设，一直是党和国家农村工作的重点。中华人民共和国成立以后，在农村建立了以集体供养与家庭养老相结合的养老保障制度，以农村合作医疗的基本医疗保障制度为重点的农村社会保障体系。改革开放后，随着经济社会的发展，农村社会保障体系建设在农村养老、社会救助、医疗保障等方面均取得了显著成效，但也存在公共服务资源匮乏、覆盖面不足、农民主体负担较重等诸多问题。2011 年 12 月，中共中央、国务院印发《中国农村扶贫开发纲要（2011—2020 年）》指出，要进一步完善农村社会保障制度，逐步提高农村最低生活保障和五保供养水平，切实保障没有劳动能力和生活常年困难农村人口的基本生活。健全自然灾害应急救助体系，完善受灾群众生活救助政策。加快新型农村社会养老保险制度覆盖进度，支持贫困地区加强社会保障服务体系建设。加快农村养老机构和服务设施建设，支持贫困地区建立健全养老服务体系，解决广大老年人的养老问题。加快贫困地区社区建设，做好村庄规划，扩大农村危房改造试点，帮助贫困户解决基本住房安全问题。完善农民工就业、社会保障和户籍制度改革等政策。2015 年 11 月，中共中央办公厅、国务院办公厅印发《深化农村改革综合性实施方案》提出，推进形成城乡基本公共服务均等化的体制机制的重点是建立覆盖城乡的基本医疗卫生制度，整合城乡居民基本医疗保险制度；健全全国统一的城乡居民基本养老保险制度，完善待遇确定和正常调整机制；推进最低生活保障制度城乡统筹发展，加强农村留守儿童、妇女、老人关爱服务体系建设等，这标志着我国农村社会保障体系建设将步入一个城乡统筹的新阶段。

7. 农村社会组织

2016 年 8 月，中共中央办公厅、国务院办公厅印发的《关于改革社会组织管理制度促进社会组织健康有序发展的意见》（以下简称《意见》）指出，以社会团体、基金会和社会服务机构为主体组成的社会组织，是我国社会主义现代化建设的重要力量。该《意见》明确了我国目前社会组织的主体范围主要包括社会团体、基金会和社会服务机构三大类。

农村社会组织是农村为完成特定的社会目标，执行特定的社会职能并根据一定的规章、程序而进行活动的人群共同体，是农村社会从无序到有序发展的一种状态和过程，是一定社会成员所采取的某种社会生活方式。现阶段，从法治化视角来看，我国农村社会组织主要包括两个层面：一是依法建立和管理的政治组织、经济组织、事业组织和群团组织；二是由于历史原因和能够满足农民社会生活需要，但并未获得法律认可的由农民自发组织起来的各种会、社、团体等。综合农村社会组织的类型、目标和功能，目前，我国农村社会组织主要有政治组织、村民（居民）自治组织、经济组织、事业组织、群团组织等。

目前，农村社会组织面临着法制不健全、规模小、质量差、规范程度低、资源缺乏等问题，必须进一步加快形成政社分开、权责明确、依法自治的现代社会组织体制，从法律、政策、体制、资源投入和人才培训等方面加快农村社会组织的建设和发展。

三、农村社区

农村社区是一个比自然村落、社队村组体制更具有弹性的制度平台，是农村居民生产、生活的主要活动场所，同时，也有其特定的生活方式、文化观念及组织制度等。农村社区具有地域广阔、居民聚居程度不高、以村或镇为活动中心、以从事农业为主等主要特点，注重通过整合资源、完善服务来提升人们的生活质量、凝聚力和认同感。2015年5月，中共中央办公厅、国务院办公厅印发《关于深入推进农村社区建设试点工作的指导意见》指出，农村社区是农村社会服务管理的基本单元，加强农村社区建设，有利于推动户籍居民和非户籍居民和谐相处，有利于促进政府行政管理、公共服务与农村居民自我管理、自我服务更好地衔接互动，有利于增强农村社区自治和服务功能，为农民幸福安康、农业可持续发展、农村和谐稳定奠定坚实的基础。

农村社区是相对传统村镇和现代城市社区而言的，是指聚居在一定地域范围内的农村居民在农业生产方式基础上所组成的社会生活共同体。农村社区具有多元类型，从生产职能角度，可以划分为农村、林村、牧村、渔村等；从法定地位角度，可以划分为自然村和建制村；从形态角度，可以划分为集村型和散村型。另外，根据发展的时间顺序和居民点的分布状况，农村社区还可分为散村、集村、集镇等类型。

（一）农村社区的特点

相较城市社区，农村社区有如下特点。

1. 有较广阔的地域，对自然生态环境的依存性更强

农业的主要生产资料是土地及其附属物，国土中不适宜人口居住的大量山地、水域也主要分布在农村，农村社区具有较广阔的地域，有较城市更为优越的生态环境。生态环境对农村的生产与村民的生活有着直接影响，农业生产对生态环境的依赖性较强。如破坏了植被、森林，就会造成水土流失，影响气候变化，从而导致自然灾害，造成农作物减产等。

2. 人口密度小，经济、文化、技术相对落后

农村社区地域较广，人口密度相对城市社区小。由于历史及我国在经济社会发展过程中呈现出的城乡二元经济结构，导致农村的经济结构单一，教育、文化、科技发展水平较低，卫生事业不发达，经济、文化、技术相对落后，教育普及程度没有城市高，先进科学技术的普及和应用程度也较城市低。

3. 人口的职业简单，血缘、地缘关系较密切

农村社区是在传统农业的基础上发展起来的，由于自然经济长期占统治地位，村民的同质性较强，其所从事的职业以广义农业为主，人际关系尚未摆脱血缘、地缘关系的束缚。近年来，农村社区的产业结构也发生着重大变化，农业劳动力逐渐向非农产业转移，第二三产业有所发展，村民以血缘关系为核心的格局正在变得多元化、合理化，农村亲属之间关系的亲疏越来越取决于他们在生产经营中相互合作的有效和互惠的维持。

4. 生活方式简单，传统文化影响较大

村民在文化、教育、体育、娱乐等不够发达的情况下，闲暇生活比较单调，时间观念不强，生活节奏较慢；个人消费品结构较单一，消费水平不高；对政治生活兴趣不高，参政意识比较淡薄。由于长期受自然经济生产方式的影响，村民比较迷信保守，地域观念、乡土观念较浓，求稳怕乱，对一些传统习俗的固守性较强。

5. 家庭功能突出，对成员的社会化影响明显

农村家庭不仅担负着生育、赡养、消费、教育、娱乐等功能，而且是农业生产的最基本单位和农村组织的主要构成单位，因此，农村社区家庭对其成员的社会化作用非常明显。同时，在农村社会生活中，村民往往以家庭成员的身份参加组织活动，社区组织在其活动过程中也往往把家庭视作接受任务的单位，可以说，家庭是农村组织的基本构成单位。

6. 社会组织简单，行为制约主要依靠传统规范

在一般传统农村社区中，习俗组织较多而法定组织较少，现代科层制组织尚不发达，习俗组织的影响力较大，社会成员的行为制约也主要依靠传统规范。农村的社会问题也不如城市复杂、集中和突出，犯罪率较低。但近年来，随着农村社区的发展，农村社会组织也得到了一定程度的发展，其社会成员的行为规范也逐渐倚重国家的法律法规。

（二）我国农村社区建设的发展历程

在我国，由于农村社区建设提出的时间比城市社区建设要晚，从某种意义上来看，农村社区建设是在农村社会"移植和嵌入"城市社区化的管理和服务模式，因此，农村社区建设的推进和城市社区建设一样，从开展社区服务开始，并且从试点逐渐铺开。目前，我国农村社区建设总体上还处于试验阶段，大致可以分为以下三个阶段。

第一，农村社区建设思路初步形成及初步试点阶段。2003年10月，《中共中央关于完善社会主义市场经济体制若干问题的决定》明确提出，加强"农村社区服务""农村社区保障""城乡社区自我管理、自我服务"等方面的要求。2006年7月，民政部党组在全国民政工作年中情况分析会上，第一次向民政系统提出了"开展农村社区建设试点"的要求。2006年9月，民政部下发《关于做好农村社区建设试点工作推进社会主义新农村建设的通知》（民函〔2006〕288号），对试点工作进行了部署。山东、江苏、浙江、天津、广东、福建、安徽、湖北、青海、上海等省（自治区、直辖市）结合各自的特色，因地制宜，开展了试点工作。

第二，农村社区建设战略部署正式提出及试点扩大阶段。2006 年 10 月，党的十六届六中全会通过的《关于构建社会主义和谐社会若干重要问题的决定》首次完整地提出了"农村社区建设"这一概念，并明确将城乡社区建设作为构建社会主义和谐社会的一个重大战略部署，提出要"全面开展城市社区建设，积极推进农村社区建设，健全新型社区管理和服务体制，把社区建设成为管理有序、服务完善、文明祥和的社会生活共同体"。在同年11 月召开的第十二次全国民政会议上，国务院又对如何实施农村社区建设提出了明确要求，即在农村社区建设过程中"整合社区资源，推进农村志愿服务活动，逐步建立与社会主义市场经济体制相适应的农村基层管理体制、运行机制和服务体系，全面提升农村社区功能，努力建设富裕、文明、民主、和谐的新型农村社区"。2007 年 3 月，民政部在山东省青岛市召开了专门的全国农村社区建设工作座谈会。2007 年 3 月，民政部印发《全国农村社区建设实验县（市、区）工作实施方案》（民函〔2007〕79 号），并从 2007 年起先后确定了 304 个全国农村社区建设实验县（市、区）。

第三，农村社区建设实验走向深入阶段。2009 年 3 月 10 日，民政部印发了《关于开展"农村社区建设实验全覆盖"创建活动的通知》（民发〔2009〕27 号），要求巩固农村社区建设实验工作的阶段性成果，推动各个层面确定的农村社区建设实验单位尽快实现实验工作全覆盖。同年 7 月 29 日，民政部印发《关于命名首批"全国农村社区建设实验全覆盖示范单位"的决定》，命名江苏省海门市、江苏省张家港市、浙江省嘉兴市南湖区、浙江省平湖市、山东省诸城市、山东省青岛市黄岛区、甘肃省阿克塞哈萨克族自治县7 个县（市、区）为首批"全国农村社区建设实验全覆盖示范单位"。2010 年 10 月，党的十七届五中全会提出了"加强农村基础设施建设和公共服务""强化城乡社区自治和服务功能"的新要求，城乡社区要在加强和创新基层社会管理过程中发挥重要作用。2011 年12 月，在国务院办公厅公布的《社区服务体系建设规划（2011—2015 年）》中，将"农村社区服务试点工作有序推进"作为"十二五"期间我国社区服务体系的重要发展目标。2012 年 11 月，党的十八大提出要"加强基层社会管理和服务体系建设，增强城乡社区服务功能""强化农村、城市社区党组织建设""在城乡社区治理、基层公共事务和公益事业中实行群众自我管理、自我服务、自我教育、自我监督"。2013 年 11 月，《中共中央关于全面深化改革若干重大问题的决定》提出："统筹城乡基础设施建设和社区建设，推进城乡基本公共服务均等化。"2017 年 10 月，党的十九大提出"实施乡村振兴战略"，要按照产业兴旺、生态宜居、乡风文明、治理有效、生活富裕的总要求，建立健全城乡融合发展体制机制和政策体系，加快推进农业农村现代化；加强农村基层基础工作，健全自治、法治、德治相结合的乡村治理体系；加强社区治理体系建设，推动社会治理重心向基层下移，发挥社会组织作用，实现政府治理和社会调节、居民自治良性互动。

第二节　中华人民共和国成立后农村发展道路的探索

新中国成立以来，中国农村朝着社会主义现代化的方向，经过不断探索和艰苦奋斗，走出了一条农村工业化、农业现代化和城乡一体化的发展道路。特别是农村改革40多年来，中国共产党始终把解决农业、农村和农民问题作为全党工作的重中之重，推进了中国特色社会主义新农村的建设，开创了中国农村发展的新局面，对建立和完善中国特色社会主义理论、探索中国特色社会主义道路作出了巨大贡献。

一、中国农村发展的历程和主要成就

（一）新中国成立初期对农村发展道路的探索

新中国成立后，中国共产党借鉴发达国家的发展经验，制定了"过渡时期总路线"，提出国家工业化建设的蓝图，并确立了"农村搞农业，城市搞工业"的二元格局，建立了"农业支持工业、农村支持城市"的二元体制。1954年9月，第一届全国人民代表大会提出"建设强大的现代化工业、现代化农业、现代化交通运输业和现代化国防"四个现代化奋斗目标。1956年，第一届人民代表大会第三次会议提出"建设社会主义新农村"的伟大任务。中央先后制定了《1956年到1967年全国农业发展纲要》和《农村人民公社工作条例（草案）》，提出了建设社会主义新农村的纲领和一系列政策措施，主要任务是实现农村集体化和农业现代化。由于农村集体化采取的人民公社体制和管理模式超越了当时的生产力发展水平，导致国家在农村经济发展过程中走了许多弯路。由于当时的农业生产力水平不高，尤其是在城乡二元体制下，对新农村建设投资严重不足，新农村建设的总体目标尚未如期实现，而农村干部和群众对社会主义新农村充满美好的向往，普遍期待实现"楼上楼下、电灯电话"的目标，于是就涌现出了一些像山西昔阳的大寨大队那样艰苦奋斗建设新农村的典型。

新中国成立初期，我国实行了工业现代化、农业现代化和新农村建设同步推进的战略，虽然新农村建设目标未能如期实现，但是工业现代化取得了巨大成就。20世纪50年代，我国工业产值只占国民经济生产总值的30%左右。20世纪70年代末，中国工业门类齐全，基本建成了独立完整的工业体系，工业产值在国民经济总量中高达75%以上。从主要经济指标来看，可以称得上是一个工业化国家。农业达到了半机械化程度，出现的问题是工农差距、城乡差别，农民人均纯收入133.57元，与市民收入相比为1：2.57。2.5亿农村人口人均收入在50元以下，温饱问题没有解决。

（二）改革时期农村发展道路的创新

1978年12月，党的十一届三中全会决定把党的工作重点转到是社会主义现代化建设上来。1979 年 9 月，党的十一届四中全会通过《关于加快农业发展若干问题的决定》，系统阐明了我国实现农业现代化的方针政策和发展前景。1980 年 12 月，邓小平同志在中央工作会议上讲话指出："我国农业现代化，不能照抄西方国家或苏联一类国家的办法，要走出一条在社会主义制度下合乎中国情况的道路。"自 1982 年开始，中央连续发布五个"一号文件"，大力推进农村改革。以家庭承包经营为基础，统分结合的双层经营制度创新了农村基本经营制度，解决了绝大多数人的温饱问题。乡镇企业异军突起，触动了城乡二元经济结构，推动了中国特色农村工业化，促进了农村经济的繁荣发展。1998 年 11 月，第九届全国人大常委会第五次会议正式颁布《中华人民共和国村民委员会组织法》，亿万农民由此投身村民自治，直接行使当家作主的民主权利，其规模之大、范围之广、涉及人数之多，在我国历史上乃至世界历史上前所未有。

1992 年 10 月，党的十四大明确提出，建立社会主义市场经济体制，赋予农民平等的经营自主权，营造了民营经济发展的制度环境。农民离土离乡，跨地区跨行业转移就业，形成了规模巨大的民工潮。乡镇企业通过改制和技术进步，成为农村经济的支柱和国民经济的重要力量。1998 年，党的十五届三中全会根据农村改革发展新形势的需要，作出《关于农业和农村工作若干重大问题的决定》提出，家庭承包制延长 30 年，长期不变，到 2010 年建成有中国特色社会主义新农村的奋斗目标；同时强调"发展小城镇是带动农村经济和社会发展的一个大战略"。2000 年 6 月，中共中央、国务院出台了《关于促进小城镇健康发展的若干意见》。由此，各地加快了农村城镇化的发展，走上了城市、城镇与新农村建设同步发展的道路。

（三）21 世纪农村发展道路的拓展

进入 21 世纪，我国的经济实力和综合国力持续增强，人均 GDP 达到 800 美元，实现了邓小平同志提出的"小康社会"的经济发展目标。2005 年人均 GDP 达到 1700 美元，2012 年超过 6000 美元，城市化率比 2011 年增长 1.2 个百分点。但是城乡之间的差距越拉越大，居民收入差距持续扩大，农业资源要素向城市流动等现象突出，严重制约了经济社会的可持续发展。

2002 年，党的十六大提出统筹城乡经济社会发展，把解决好"三农"问题放在全党工作的重中之重。从 2004 年开始，基于工业化进入中期阶段的判断，"工业反哺农业、城市支持农村"条件已经成熟，中央再一次连续出台以农业和农村问题为主题的一号文件，废除了农业税等制度和政策，制定了对农业、农村、农民实行补贴的政策。2008 年，党的十七届三中全会强调把推进社会主义新农村建设作为战略任务，把走中国特色社会主义农业现代化作为基本方向，把加快形成城乡经济社会一体化新格局作为根本要求。党的十七届五中全会明确提出，要在"工业化、城镇化深入发展中同步推进农业现代化"。

在"三化"同步发展战略的引导下，我国的工业化与信息化结合走上了新型工业化道路。2010 年，中国的加工制造业产值占到全世界的 19.8%，高于美国的 19.4%，成为全球第一制造大国。城镇化率由新中国成立初期的 10.6%、1978 年的 17.9%，提高到 2012 年的 52.6% 以上。农业生产方式实现了从依靠人力、畜力向机械作业的历史性跨越，综合机械化水平 2012 年达到 57%。粮食总产量 30 年增长了 65%。2004 年后连续九年增产，2012 年达到 5.89 亿吨，超过历史最高水平。农民人均纯收入连续九年增长，从 2003 年的 2622 元，增加到 2012 年的 7917 元。

二、中国农村发展道路的经验启示

（一）始终遵循发展规律，坚持走全面协调可持续同步发展的道路

这是中国农村发展的根本指导思想。总体上说包括经济建设、政治建设、文化建设、社会建设、生态文明建设五位一体全面发展，具体说包括第一、二、三产业同步发展，经济社会互动发展、城市农村协调发展、不同区域共同发展。历史经验证明："农业革命使城市诞生于世界，工业革命则使城市主宰了世界。"近现代以来，工业化是经济发展的主旋律，城镇化是社会发展的主旋律。工业发达国家首先推进二元经济结构向一元经济结构转换，工农、城乡关系开始改善，城乡一体化成为社会发展的基本方向。对此，马克思认为现代化的历史就是乡村城市化的历史。中国农村改革尊重经济社会规律，始终坚持工业现代化、农业现代化与城市化同步发展。信息化时代到来以后，我们推动科技与经济、政治、社会、文化的结合，大力推进信息化与新型工业化、新型城市化、农业现代化同步发展，加大城乡统筹力度，推进城乡一体化发展。

（二）始终坚持从人民利益出发，保障其物质利益和民主权利

这是我国农村改革发展的核心价值和基本准则。党的十一届三中全会明确指出：必须在经济上充分关心农民的物质利益，在政治上切实保障农民的民主权利。党的十五届三中全会决议重申，农村改革发展的"核心是保障农民的物质利益，尊重农民的民主权利"。党的十七届三中全会再次强调"保障农民物质利益和民主权利"。农村改革尊重农民的首创精神，改革多是在农民首创的基础上总结推广的。改革优先改善民生，解决农民群众最关心、最直接、最现实的突出问题，让农民共享发展成果，确保农民享有政治上的主人公地位、经济上的主体地位。而这也正是农村改革得到农民支持拥护并取得巨大成功最根本的原因。农民是农业、农村发展的主体，也是最富有创造精神的群体。农村改革发展靠的是农民，为的也是农民。新时期，一方面重农业、农村和农民全面发展、重工农业协调发展、重城乡统筹发展；另一方面更重农民利益，通过改革创新让农民分享改革发展的成果。这和过去重农民力量，但忽视农民利益的传统重农思想有着根本的区别。

（三）始终坚持从实际出发，探索适合国情的发展道路

这是中国农村发展的基本原则。我国的农村改革发展根据人口多、资源不足、基础薄弱、生产方式落后等特点，抓住落后的生产力与人民群众日益增长的物质文化需求之间的

基本矛盾，适应生产力发展要求，按照因地制宜、量力而行、有序推进的要求，提出改革发展的方向和路径。改革开放后，从推行家庭承包、发展乡镇企业、实行市场经济到实施城镇化战略，再到统筹城乡发展，推进新农村建设，构建城乡一体化新格局，每一步发展路径都从农村实际出发，把是否有利于解放和发展农村生产力作为改革的出发点和落脚点，把是否有利于农业发展、农民增收、农村繁荣稳定作为检验改革成功与否的客观标准，这些举措既体现普遍规律，也显示中国特色。

（四）始终坚持改革创新，解放和发展农村生产力

这是我国农村发展的动力之源。中国农村发展始终伴随着改革创新，既包含制度创新，也包含科技创新。中国农村改革是内容最复杂、环节最多、层次最深、难度最大的改革。改革始终以最大限度地调动农民积极性、解放和发展农村生产力、促进经济发展、实现社会公平为根本目标，铲除束缚生产力发展的体制机制障碍。特别是创建新型合作经济组织，实行市场经济、推动农村工业化城镇化，废除农业税、建立农业补贴制度，统筹城乡发展、推进城乡一体化等改革举措。每一次改革都促进了农村生产力的发展，推动了农村经济的发展，保持了农村社会的稳定。

（五）始终坚持党的领导，把解决好农村问题作为全党工作的重中之重

这是我国农村改革发展成功经验最集中的体现。中国共产党充分认识到做好"三农"工作具有极端重要性，且具有长期性、艰巨性和复杂性。新中国成立后更是强调"农业为基础"。自农村改革以来，政府召开了八次中央全会研究农村问题，每年召开一次农村工作会议，先后出台40多个相关文件。把农业作为安天下、稳民心的战略产业，把农村作为全面建成小康社会的重点，把农民问题作为中国改革发展中的根本问题。在指导思想上强化农业的基础地位，在政策制定上把保障农民利益放在首位，在战略部署上优先安排农村工作，在资金投入上将重点向农村倾斜，在组织上不断加强和改进党的农村基层组织建设，加强和巩固了党对农村工作的领导。

第三节　改革开放以来我国农村社会的发展

一、人口流动与城市化

农民是农业社会和农村生产的主体。改革开放以后，我国农民阶层在制度结构和市场机制的共同作用下出现了分化，不再是单一的同质性群体。农民分化的形式是职业分化，本质是经济分化。农民职业分化的研究以陆学艺的"八大阶层论"最具代表性，按照职业差别把我国农民群体分为农业劳动者、农民工、雇工、农村知识分子、个体劳动者和个体工商户、私营企业主、乡镇企业管理者、农村管理者八个阶层。经济分化也被广泛研究，

主要是根据收入标准、收入来源结构、经济与就业状况等对农民群体进行划分。自 1978 年以来，我国农民阶层主要发生过两次大的分化：第一次是在家庭联产承包制实施以后，农民以"离土不离乡，进厂不进城"形式为主向乡镇企业流动；第二次是 20 世纪 80 年代后期至今，农民以"离土又离乡，进厂又进城"形式为主向城市流动。据国家统计局数据显示，2016 年底，全国农民工总量达到 2.82 亿。在"十二五"时期，我国城镇化率年均提高 1.23 个百分点，每年城镇人口增加 2000 万，截至 2016 年末，人口城镇化率为 57.35%。农民阶层快速分化，伴随而来的是农村社会结构的深刻演变，以及农村社会问题的日益复杂。

（一）计划经济体制时期的人口流动与反城市化

计划经济体制时期，中国实行重工业优先发展战略。为了实现其战略，中国采用了城乡分割的户籍管理制度，从而使农村人口不能随意改变职业、身份与居住地。优先发展重工业的战略造成了产业结构严重的不合理，降低了工业发展过程中吸纳农业劳动力的能力，同时也为劳动力在产业和区域间的流动设置了障碍。这个时期，中国人口的流动受到严格控制，从而使城市化处于停滞状态。1960—1980 年，我国城镇人口比重始终在 17% ~ 19% 徘徊，到 1980 年仍只有 19.39%。可以说，这一阶段的人口流动偏离了人口流动与城市化发展的正常轨道和一般规律。不仅如此，在较长的一段时间里，大规模的城市人口流向农村，如典型的知识青年上山下乡、市民返乡与干部下放等。自 1968 年底到 1977 年，约有 1600 万城市青年被送往农村，同期还有数百万城市机关干部或知识分子被下放到农村劳动。

（二）改革开放时期的人口流动与不足的城市化

改革开放后的人口流动可分为两个阶段：以 20 世纪 90 年代中期为分界线，90 年代中期前主要是就地流动，90 年代中期后主要是异地流动。90 年代中期前的就地流动是通过"离土不离乡"来实现的。这种"离土不离乡"是通过发展以乡镇企业为主体，以小城镇为依托的农村商品经济，农村人口有机会进厂进镇，在本地域内（县以下乡镇）的非农业领域就业，实现农村劳动力的就地流动。这种流动形式吸收了大量的农村剩余劳动力，增加了农民收入，避免了由于大量的农村人口流向城市而造成的"城市病"，因此，在当时被称为"具有中国特色的农村剩余劳动力转移的一条新路"。但是就地流动使相当一部分农村人口在农村内部消化，没有向大中城市流动，未能实现真正意义上的城市化。

90 年代中期后的异地流动是通过"离土又离乡"来实现的。这种"离土又离乡"是随着城市工业的发展，农村人口逐步向城市流动，被城市第二、三产业所吸收。异地流动被称为"民工潮"，即大规模的农村人口跨地区流动，且数量多和方向集中。异地流动有两个突出特点。一是流动人口数量大。20 世纪 90 年代中期，全国有 8000 万至 1.2 亿农民处于流动状态。二是职业与身份的分离。身份是农民，但职业不再是单一从事农业，而是从事多种产业、行业。他们在经济、政治、社会与心理文化各方面与原住地农村有着紧密的联系。这种大规模的非正式的人口流动并没有带来真正意义上的人口城市化，即这种人户分离、职业与身份分离的人口流动并没有使他们顺利地向城市市民转化。

二、人口流动与农村阶层分化

由于城市受以户籍制度为基础的城乡分割的二元制度的保护，城市社会结构对流动人口来说始终是比较封闭的，人口流动并未分化城市社会阶层结构；相反，却激烈地分化着农村社会阶层结构。

（一）改革开放前传统农村社会的封闭性

传统农村社会是被血缘与地缘所封闭的社会。一方面，土地集体化形成传统农村社会结构的封闭性。传统农村社会中，农民以土地为生，土地是农民的"衣食父母"，农民与土地捆在一起。费孝通指出："直接靠农业来谋生的人是黏着在土地上的。""以农为生的人，世代定居是常态，迁移是变态。"农村社会分层也主要以"土地"为变量来划分，即依据土地占有关系的不同而划分为不同的社会阶级、阶层，如地主、自耕农、佃农等。中华人民共和国成立后，农村人口根据对土地占有关系的不同而划分为不同阶级、阶层，在土地改革，特别是土地集体化后逐渐消失了。土地的集体所有、集体经营和平均分配制度，使农村人口有着很高的同质性，都处在"利益无差别"的状态。农民附着在土地上且随着土地的集体化，农民依据土地占有关系而划分阶层的现象逐渐消失，是一种"去阶层化"现象。

另一方面，社会流动阻塞导致传统农村社会结构的封闭性。改革开放前，农村社会垂直流动很少甚至是静止的，人口流动量小。20世纪70年代就整个中国来说，流动率大约在3%。由于当时的各种制度限制了人口流动，特别是限制农村人口向城市的流动，从而导致农村社会流动阻塞，不管是代际还是代内的流动率都很低。整个农村社会结构简单，内部成分同质化，都是人民公社的社员，当然也就没有社会分层的现象存在。

（二）改革开放后的人口流动冲破了传统农村社会的封闭性

改革开放后，人口流动摆脱了改革前沉寂的局面，以前所未有的规模和速度在全国展开。以20世纪90年代中期为分界线，将改革开放后的人口流动划分为两个阶段。

1. 20世纪80年代的人口流动促使农村社会分化

在农村人口能够相对自由流动且自主择业的情况下，农村的分化是以农民分化为基础、以市场为机制、以职业为基础的。人口的流动促使社会资源在具有不同的把握市场能力的人之间重新分配，导致他们的社会经济地位的差别。但是，农民分化仍受户籍身份的制约，他们的社会地位获得仍受以户籍身份为依据评价标准的影响。人口流动与户籍制度的阻流之间相互作用，导致了有中国特色的农村阶层分化。人口流动是农民在二元社会经济体制中仍在起作用的背景下进行的，导致了其职业流动与分化极不稳定，虽然人口流动促使农村阶层的分化，但是其阶层结构不是很合理，呈金字塔形。1989年，农业劳动者阶层、农民工阶层比重过大，超过83%，而农村知识分子阶层、个体劳动者阶层、个体工商户阶层、私营企业主阶层、乡镇企业管理者阶层与农村管理者阶层则低于17%。

2.20世纪90年代的人口流动进一步促使农村社会的分化

这一时期人口流动的特点是流动速度增长快，年均增幅均在10%以上。这一时期人口流动和80年代流动规模、方式与特征都有所不同，对农村社会结构的影响也就不同。这时期的人口流动对农村社会分化的影响主要如下。

（1）中国农村社会阶层比例的增减。如农业劳动者比例由1989年的55%～57%下降到1999年的46%～50%。而农民工阶层增长最快，由1989年的28%增加到1999年的32%～35%；其次是私营企业主阶层增长得比较快。

（2）农村各阶层的社会地位发生了变化。农业劳动者的社会地位在下降；农民工的社会地位在下降；农村知识分子的社会地位没有太大的变化，农村知识分子人数增长不多，社会经济地位及评价没有太大的变化；个体劳动者、个体工商户的社会地位在上升，他们的社会经济地位在向上流动；私营企业主的社会地位上升较快，私营企业主阶层是改革开放后出现的发展较快的新兴阶层，且位于农村社会阶层的上层；乡镇企业管理者的社会地位基本不变；农村管理者的社会地位评价较以前更复杂。

（3）农业劳动者阶层是我国社会最大的社会流动与分化的母体。改革开放后，从农业劳动者中释放到其他阶层的成员大量增加，农业劳动者在全国就业人口中的比重大幅下降。1978—1999年，农业劳动者在全国就业人口的比重从67.4%下降到44.0%。改革后人口流动及其带来的社会流动，导致中国农村社会的分化，中国的农村社会结构不再单一化而趋向复杂化，打破了改革前传统中国农村的封闭性。

三、改革开放以来我国农民阶层分化的特点

（一）多元性

多元性是我国农民阶层分化最基本的特点。改革开放初期，家庭联产承包制的实施，解放了农村劳动力，获得经营自主权的农民生产积极性高涨，农村劳动力剩余凸显，迫切需要向非农转移。此后，乡镇企业异军突起，人口迁移限制政策松动，市场化用工制度和多种所有制企业形式被采用，使我国农民阶层空前浩荡地由农业向非农产业转移、由农村向城镇扩散，逐步形成了农民阶层在职业属性和收入来源上的多元化特征，这种特征主要体现为其职业属性的多元化和收入来源的多元化。

（二）不彻底性

我国农民阶层的分化并非一次性到位，而是分阶段逐步推进的。以职业为基础的分化并没有完全实现，兼业化现象十分普遍，进城农民多数没能转为城市居民，而是奔波于城乡之间，被称为"农民工"。这些构成了我国农民阶层分化的不彻底性特征，具体体现在如下三个方面。

第一，分化阶段的过渡性。我国农民的分化过程包括职业转移、地域迁移和身份变更

三个环节，这三个环节顺次展开、依序递进。城乡二元体制改革滞后，我国农民分化的阶段过渡充满艰辛。例如，部分农民进城后找不到工作或者就业不稳定，经常流动，频繁更业，使他们无法顺利完成职业转移；多数进城农民无力在城市购买住房或无力支付昂贵的房租，只能居住在城乡接合部，居住环境甚至差于农村，进城农民并没有真正完成生活空间的地域迁移；由于从事职业、居住环境、生活质量以及人力资本等方面的负面特征，进城农民被边缘化、饱受歧视并遭遇不公正待遇、缺乏社会认同，使得其社会身份变更困难重重。

第二，分化职业的不稳定性。我国农村社会分工水平较低，非农就业机会仍显不足，农民非农化的职业分化还没有达到比较稳定的程度，兼业化现象十分普遍。多数农民农忙时参加农业劳动，农闲时参加非农劳动。随着农业劳动生产率的提高，农民参加非农化劳动的时间较过去已明显增多。有的农民外出务工经商多年，考虑到非农职业的不稳定性，仍然在农村保留土地承包经营权，增加从事非农化职业的保险系数。

第三，分化身份的不完全性。完成职业转移的农民尚未完全切断与传统农民的身份联系。例如，已从土地中解放出来、在其他经济单位从业的农民，在户籍所在村凭"成员权"资格坐享一份集体经济收益；相当一部分非农劳动者保留着承包地，以各种方式从事着部分农业劳动；进城就业的农民工，户籍仍然在农村，没有被城市完全接纳，有的农民即使早已不务农，甚至没有土地，也依然是农民身份，未能完成市民化。

（三）非均衡性

由于我国地区之间、城乡之间的经济发展水平存在差异以及农民分化的多元性特点，导致农民分化呈现出非均衡特征。

1. 分化的区域非均衡

（1）农民分化程度在地域上呈现差异。我国经济发展的地区差异明显，东部地区发达，是吸纳中西部农村剩余劳动力的重要载体，中、西部地区相对落后，成为非农劳动力的输出地，农民阶层的分化程度呈现出由东向西依次渐弱的状况。

（2）农民分化所从事的非农产业在地域上呈现差异。如西部地区制造业、建筑业的流动人口分布比例明显高于东、中部地区，东部地区批发零售业、社会服务业等第三产业流动人口的分布比例高于中、西部地区。

（3）农民分化后的收入分配在地域上呈现差异，如东部地区的人均月工资高于中、西部地区。

2. 分化的城乡非均衡

（1）农民分化后城乡收入差距依然扩大。1978—2016年，我国农村居民人均可支配收入从133.6元增长至12363元，增长了92.6倍；城镇居民人均可支配收入从343.4元增长至33616元，增长了97.9倍；城乡收入比从2.6∶1上升到2.7∶1，收入差距悬殊。

（2）农民分化后城乡收入差距呈现地域性。2016年国家统计局数据显示，全国居民人均可支配收入23821元，在统计的28个省份中，有9个省份的城乡收入比大于2.72的全国平均水平，城乡差距较大。这些省份全部位于西部，尤其是贵州、云南、青海、陕西的城乡收入比都超过了 3 倍，其中，贵州高达 3.31，成为全国城乡差距最大的省份。

3. 分化的内部非均衡

（1）分化农民在收入水平上呈现差异。城区农户劳均纯收入最高，兼业农户次之，纯农户最少；从低收入户到高收入户，消费占收入的比重呈递减趋势。

（2）农民工在不同行业和不同地区的收入水平呈现差异。从行业来看，住宿餐饮业、社会服务业以及制造业农民工的人均月收入水平较低，金融、保险、房地产业、仓储、交通运输业和电煤水生产供应业农民工的人均月收入水平较高；从地区来看，东部地区农民工人均月收入高于中、西部地区。

第二章　构建现代农业体系，推进农业农村现代化

农业丰则基础强，农民富则国家盛，农村稳则社会安。2017年10月，党的十九大报告提出，实施乡村振兴战略，按照"产业兴旺、生态宜居、乡风文明、治理有效、生活富裕"的总要求，建立健全城乡融合发展体制机制和政策体系，加快推进农业农村现代化。产业兴旺，就是要紧紧围绕促进产业发展，引导和推动更多资本、技术、人才等要素向农业农村流动，调动广大农民的积极性、创造性，形成现代农业产业体系，促进农村第一、二、三产业的融合发展，保持农业农村经济发展旺盛活力。具体而言，就是要构建现代农业产业体系、生产体系、经营体系，完善农业支持保护制度，发展多种形式适度规模经营，培育新型农业经营主体，健全农业社会化服务体系，实现小农户和现代农业发展有机衔接。构建现代农业体系，必须立足新的历史条件，准确把握现代农业的基本内涵和发展规律，推进传统农业向现代农业跨越。

第一节　现代农业概述

一、现代农业的基本内涵

现代农业是继原始农业、传统农业之后的一个农业发展新阶段。从世界范围来看，传统农业向现代农业的转变，是在封建土地制度废除、资本主义商品经济和现代工业有了较大发展的基础上逐步实现的。这一转变大体起始于19世纪中叶，至今已有百余年的历程。第二次世界大战后，现代农业迅速发展，许多国家实现了农业现代化，农业劳动生产率、土地产出率和商品率达到了前所未有的高度，使农业发展成国民经济中的一个高度发达的现代基础产业。

所谓现代农业建设，就是用现代物质条件装备农业、用现代科学技术改造农业、用现代产业体系提升农业、用现代经营形式推进农业、用现代发展理念引领农业、用培养新型农民发展农业，提高农业水利化、机械化和信息化水平，提高土地产出率、资源利用率和农业劳动生产率，提高农业质量、效益和竞争力。现代农业的实质就是用现代化工业装备

农业、现代科技改造农业、现代管理方法管理农业、健全的社会化服务体系服务农业，实现农业技术的全面升级、农业结构的现代转型和农业制度的现代变迁。

（一）现代农业以科学技术为强大支柱

现代农业是伴随着科学技术的发展而发展的，并随着现代农业科学技术的创新与突破而产生新的飞跃。19 世纪 30 年代，细胞学说的提出使农业科学实验进入了突破传统农业单纯依赖人们经验与直观描述的阶段。19 世纪 40 年代，植物矿质营养学说的创立，有力地推动了化学肥料的广泛应用与化肥工业的蓬勃发展，标志着现代农业科学的新起点。19 世纪 50 年代，生物进化论的问世，揭示了生物遗传变异、选择的规律，奠定了生物遗传学与育种学的理论基础。20 世纪初，杂交优势理论的应用带来玉米杂交品种的产生与大面积推广。杂交品种优势主要应用于多种作物及动物育种，已成为一项十分有效的农业增产手段；而动物人工授精的应用及精液冷冻保存技术的相继突破，则为畜牧业、渔业带来了巨大的经济效益。第二次世界大战期间，滴滴涕等杀虫剂的研制与生产，有力地促进了农药的应用与农药工业的发展。此后，随着现代科学技术的迅速发展及在农业中的扩散与应用，大大拓宽了农业科学技术领域，并带来农业生产力的大幅度提高。特别是生物技术的发展，为人们定向育种开辟了广阔前景；信息技术的发展和应用，加快了现代农业发展的节奏，信息技术尤其对科学技术的传播、市场供求的对接等起到了重大的推动作用。

（二）现代农业以现代工业装备为物质条件

传统农业单纯依靠农业内部的物质循环，而现代农业则是依靠增加大量现代工业装备和现代物质投入的、开放的高效农业系统。从发达国家的实践经验来看，主要有以下四点。一是以工业化带动农业现代化。在钢铁、机械、化工、能源等现代工业的有力支持下，促进高效农机具、化肥、农药的普遍应用，成为加速传统农业改造、大幅度提高农业生产力水平的关键因素。二是以机械动力替代人（畜）力、以信息技术控制代替人工操作。这已成为现代农业技术革命的一个重要内容和现代农业的一个主要标志。三是以城镇化促进农业劳动力的转移，而农业劳动力的减少和非农产业的扩大又推动了城镇化向更高水平迈进，从而加快了城乡经济的协调发展。四是以农业机械化带动农业劳动生产率与土地生产率的提高。评价农业机械化的作用，要辩证地对待农业劳动生产率与土地生产率的关系，着眼于总体生产力与经济效益的提高。

（三）现代农业以产业化为重要途径

我国于 20 世纪 90 年代初提出的农业产业化经营的发展道路，符合现代农业发展的趋势和要求。现代农业伴随着市场经济的发展而发展。在发达国家，不论农业经营规模大小，家庭农场都是作为农业经营的基本单位，通过社会化服务实现小生产与大市场的连接。在市场经济迅速发展、市场竞争十分激烈的情况下，家庭经营通过多种形式联合起来，实现产业化生产、一体化经营，使农业生产呈现专业化、规模化、科学化和商品化趋势，已成为现代农业发展的重要途径。当前，我国农业产业化发展迅速，农村专业技术合作组织开始兴起，农业企业不断壮大，共同推进了现代农业发展的进程。

（四）现代农业以统筹城乡经济社会发展为基本前提

农业是经济再生产与自然再生产交织在一起的过程，其发展既受自然因素的制约，也受生物规律和市场规律的制约。当前，我国面临农产品需求（包括数量、质量和种类）增长与农业生产力低下的矛盾。在这种情况下，如何协调工农关系，很好地统筹城乡经济社会发展，扶持农业发展与维护农民权益，加快传统农业改造的进程，就成为一个突出的问题。农业是"一切人类生存的第一个前提"，其具有明显的基础性、公益性、战略性，发达国家及新兴工业化国家与地区在现代农业发展的不同阶段都采取了一系列的有力扶持和保护措施，在价格、信贷、税收、贸易、资源、科技、教育等方面制定相应的政策，推动了现代农业的全面发展。现代农业是以保障农产品供给、提供劳动力就业、增加农民收入、实现农业可持续发展为主要目标，以现代科学技术、现代工业装备、现代管理手段、现代经营理念为支撑，以政府对农业的宏观调控和支持保护为保障，充分发挥市场在资源配置方面的基础性作用，集产供销、贸工农于一体的多部门协调、各环节相衔接，由现代知识型农民和现代企业家共同经营，具有较强市场竞争力的一体化、多功能的农业产业体系。

二、现代农业的重要特征

建设现代农业的一个主要任务，就是要加快传统农业向现代农业的转变，促进农业生产方式和经营方式的变革。可以说，现代农业的核心是科学化，特征是商品化，方向是集约化，目标是产业化。相对传统农业而言，现代农业应具备以下五大特征。

（一）市场化程度日趋成熟

市场经济体制是现代农业发展的制度基础，其在资源配置中起着基础作用。在市场经济条件下，农民从事农产品生产的主要目的不是为了自食自用，而是为市场提供商品，实现利润最大化。现代农业建设必须突破传统农业封闭低效、自给半自给的局限性，坚持以市场需求为导向，采用专业化生产和一体化经营的产业化方式，调整农业结构和生产布局，提高投入产出效率，健全农产品现代流通体系，提高农产品市场占有率。目前，在农业现代化水平较高的国家，农产品的商品率一般在90%以上。

（二）工业装备普遍采用

工业装备是现代农业的硬件支撑。在由传统农业向现代农业发展的历史阶段，农业机械是农业生产要素中影响现代农业进程的关键因素，并且农业机械化水平是实现农业现代化和形成农业竞争力的核心能力，农业机械化水平的高低决定着农业现代化的进程和农业竞争力的强弱。因此，现代农业建设必须突破传统农业生产过程完全依赖自然条件的约束，充分运用现代工业提供的技术手段和设备，使农业生产的基本条件得以较大改善，使其抵御自然灾害的能力不断增强，因而现代农业是使用现代工业设备武装，具有较强抵御灾害能力的设施农业和可控农业。

（三）先进科技广泛应用

先进的科技是现代农业发展的关键要素。与科技运用相适应，农业劳动者的素质也得到普遍提高。现代农业发展的动力来自科技进步与创新。先进的科技不断从潜在生产力转化为现实生产力，正成为推动现代农业发展的强大动力。现代农业的发展过程，实质上是先进科学技术在农业领域广泛应用的过程，是用现代科技及装备改造传统农业的过程，是用现代农业科技知识培养和造就新型农民的过程。在现代农业中，生产、加工、运销各个环节均采用先进的科学技术。同时，农业技术的发展也促使农业管理体制、经营机制、生产方式、营销方式等不断创新，因而现代农业是以现代科技为支撑的创新农业。

（四）产业体系日臻完善

完善的产业体系是现代农业的主要标志。随着现代科技在诸多领域的突破，现代农业的发展已突破传统农业生产仅局限于种植业、畜牧业等以初级农产品生产为主的狭小领域，由动植物向微生物，农田向草地森林，陆地向海洋，初级农产品生产向食品、生物化工、医药、能源等方向不断拓展，生产链条不断延伸并与现代工业融为一体，因而现代农业是由现代科技引领的宽领域农业。与此同时，现代农业以一体化的经营方式进行资源配置和利益分配。农业产前、产中、产后紧密衔接，产加销、农工贸环环相扣，农业生产的专业化、农产品的商品化、农村服务的社会化全部被纳入经营一体化的轨道之中。

（五）生态环境保护受到重视

注重农业增长与生态环境的保护是现代农业发展的基本方向。近年来，世界各国在农业发展中，改变粗放型农业增长方式，重视土、肥、水、药和动力等生产资源投入的节约和使用的高效化，注重生态环境的治理与保护，在应用自然科学新成果的基础上探索出"有机农业""生态农业"等农业发展模式。由此可见，现代农业是根据资源禀赋条件选择适宜技术的集约化农业、生态农业和可持续农业。

三、现代农业发展的主要模式

中国幅员辽阔，区域类型多样，资源禀赋差异较大，经济发展程度不一，现代农业发展不能实行"一刀切"，切忌采取统一模式，必须因地制宜地选择现代农业发展模式。目前，我国应当重点选择以下四种现代农业发展模式。

（一）资源节约型现代农业模式

我国农业资源严重短缺，人地矛盾突出，可利用资源与农业粗放经营之间的矛盾日趋尖锐、农业资源有效利用率低等问题日益严重，因而建立资源节约型现代农业模式成为现代农业发展的必然选择。应积极发展"精准农业""无土栽培农业""旱作农业"和"节水农业"，走一条高度注重资源节约的现代农业发展道路。

（二）劳动密集型现代农业模式

我国农村劳动力资源极为丰富，发展劳动密集型现代农业具有很大的比较优势。各地应在加强农业实用人才培训，显著提高农民技术素质的基础上，大力发展蔬菜、水果、花卉、畜牧、水产等劳动密集型农业，在最大限度地缓解人多地少矛盾的同时不断提高农业的效益水平。

（三）区域特色型现代农业模式

我国自然条件具有区域性、垂直性、过渡性的分布特征，为发展区域特色型现代农业提供了多样化条件。应当依据各地的资源、技术和地理地貌等特点，面向市场需求进行优势资源的比较和筛选，发展各具特色的设施农业、生态农业、观光农业、都市农业等，重点发展名、优、特、新农产品。注重提高农业的整体功能与综合效益，形成特色农产品种植区和产业带，通过突出产业特色的方式发挥区域优势。

（四）可持续型现代农业模式

推进现代农业发展必须尽快实现农业增长方式由粗放型向集约型转变。实现农业生产各个环节的规范化、标准化、精确化，实行精耕细作和产业化经营，提高土地利用率和农业综合效益，增强农业抵御自然灾害的能力。要积极发展生态农业和循环农业，广泛应用立体种植技术、作物固氮技术，以及利用生物链防治病虫害技术，促进农业经济效益与生态效益的有机统一，显著提高农业可持续发展的能力。

四、现代农业发展的基本趋势

我国正处于传统农业向现代农业转型的爬坡阶段，必须正确认识国内外现代农业发展的基本趋势，在顺应这一趋势的基础上积极开展现代农业建设。

（一）农业生产规模适度扩大

家庭分散的农业经营方式难以发挥出生产的规模效益，因而无法适应现代农业的发展需要。随着农业劳动力进一步向非农产业转移，农业科技水平进一步提高，农业区域化和专业化布局不断形成，不同类型的农业适度规模经营形式将得到越来越快的发展，并逐步成为农业经营方式的主体。在此基础上，农业将实现机械化、标准化的商品生产，农业的市场竞争力将进一步增强，比较效益将得到不断提高。

（二）可持续农业成为发展方向

有限的农业资源和日益增长的人口负担，在客观上要求遏制对农业资源的掠夺式开发，从根本上转变以过度消耗资源和破坏生态环境为代价的农业发展方式，走可持续农业发展之路。所谓可持续农业发展，就是可持续发展战略在农业领域的体现。可持续农业发展强调农业发展的整体性、系统性、协调性，主张用准确化的信息、集约化的管理和高科技投入去发展农业，实现自然生态的平衡，确保当代人和后代人对农业需要的满足。从发展的角度来看，现代农业将实现更有质量的增长过程，在节约能源、降低消耗、减少废物、提高效益、改变传统农业生产和消费模式的同时，高度重视控制环境污染、改善生态环境、保护生物多样性，保证以持续方式使用可再生资源，走可持续发展的农业道路。

（三）农业生产日益科技化

高新技术成为现代农业发展的强大动力。与传统农业不同，现代农业是建立在全面应用科技基础上的高效农业。目前，现代农业科技正迅速向宏观和微观两个领域全面发展，由生物技术占主导引起的农业科技革命促使农业经济发生了根本性变化。

（四）农业日益走向商品化、国际化

在经济全球化发展格局下，世界各国发挥各自的比较优势，参与国际市场分工和经济竞争。农业发展的国际化趋势对各国农业既是挑战又是机遇，各国只有调整其农村经济结构，优先吸纳先进技术，才能适应国际市场的发展要求。农业产品日益商品化、国际化的趋势是农业采用高新技术的强大动力，从而将各国的农业产品逐步推向世界市场。

（五）农产品向多品种、高品质、无公害方向发展

质量和品种成为农产品竞争的首要因素。现代农业不仅能满足人们追求物质生活的需要，同时还能给人们提供健康上的保障及精神上的享受。"无公害""无污染""反季节"的"绿色"水果蔬菜，以及工艺型、观光型、保健型农产品应运而生，为农业开发和农业科技的应用展现出诱人的前景。

第二节　发展现代农业，构建现代农业体系是农村
经济发展的基础

一、构建发展现代农业的产业体系

各国经济发展的实践表明，现代经济的发展需要现代农业做支撑。但作为国民经济的基础产业，农业具有自然再生产与经济再生产统一的特点，其发展受资源和市场的双重制约，是市场竞争中的弱势产业，单纯依靠市场力量难以实现农业的现代化，必须构建现代化产业体系来提升农业的发展水平。

改革开放以来，我国农业虽然取得了巨大的成就，但依然是发展相对滞后的产业，已不能满足人民生活水平提高的需要，而国民经济进入深度发展阶段后仍需要有基础牢固的农业做支撑，因此，发展现代农业须构建完整的现代产业支撑体系。借鉴世界现代农业发展的历史经验，结合我国农业发展的实际情况，构建发展现代农业的产业体系必须从以下几个方面着手。

（一）发展新型农用工业

农用工业是生产农业生产资料的产业，是提高农业物资装备水平的依托，是增强农业抵抗自然风险能力、改善农业生产条件、减轻农民劳动强度和提高农业生产效率的基本保证，是发展现代农业的产业基础。

从广义上来讲，各种先进技术及其产业化的成果都可以为发展现代农业服务，农业生产资料产业涉及国民经济的各个行业。因此，提高我国经济发展质量和国民经济的综合质量，有利于提升农业发展水平，而推进现代农业须充分利用国民经济各部门的发展成果。

一般农业生产资料产业，主要是指从事化肥、农药、种子、农机、饲料、农用薄膜等大类产品生产经营的行业。这些行业提供的产品都是直接为农业生产经营服务的，农资质量状况与高质量农资的普及应用范围，直接决定着农业的现代化程度。农资价格直接构成农产品成本的一部分，税费改革完成后，农资价格已经成为农产品成本的重要组成部分，其变动往往成为农产品价格变动的重要因素，既影响农民经营农业的收益和全社会的物价水平，又影响农业的健康发展和经济社会的稳定。各地政府要通过财政、金融、行政和法律等手段调控农资价格，促进农用工业的健康发展。

发展新型农用工业，要重点发展新型肥料、低毒高效农药、多功能农业机械及可降解农膜等新型农业投入品。优化肥料结构，加快发展适合不同土壤和不同作物特点的专用肥、缓释肥；加大对新农药创制工程支持力度，推进农药产品更新换代；加快对农机行业的技术创新和结构调整，重点发展大中型拖拉机、多功能通用型高效联合收割机及各种专用农机产品；制定和完善有利于农用工业发展的支持政策。

（二）健全农业产业体系

建设现代农业，必须注重开发农业的食品保障、原料供给、就业增收、生态保护、观光休闲、文化传承等多种功能，向农业发展的广度和深度进军，促进农业结构的不断优化升级，满足人们对农业和农产品多样化的需要。

（1）稳定发展粮食生产。农业是人们的衣食之源，粮食是农业的根本，因此，我们必须坚持立足国内保障粮食基本自给的方针，逐步构建供给稳定、调控有力、运转高效的粮食安全保障体系；努力稳定基本耕地面积和粮食播种面积，提高单产、优化品种、改善品质，实施优质粮食产业、种子、植保和粮食丰产科技等工程；支持粮食主产区发展粮食生产和促进经济增长，水利建设、中低产田改造和农产品加工转化等资金和项目安排要向粮食主产区倾斜；建立和完善粮食安全预警系统，维护国内粮食市场稳定。

（2）发展健康养殖业。转变养殖观念，调整养殖模式，做大做强畜牧产业；按照预防为主、关口前移的要求，加强饲料安全管理，从源头上把好养殖产品质量的安全关；牧区要积极推广舍饲和半舍饲饲养，逐步扩大对养殖区的补贴规模；加大对动物疫病防控的投入力度，健全重大动物疫情监测和应急处置机制；水产养殖业要推广优良品种，加强病害防治，提高健康养殖水平。

（3）大力发展特色农业。立足各地自然和人文优势，适应人们日益多样化的物质文化需求，因地制宜地发展特而专、新而奇、精而美的各种物质、非物质产品和产业，特别要重视发展园艺业、特种养殖业和乡村旅游业；通过规划引导政策支持、示范带动等办法，实施"一村一品"工程，加快培育一批特色明显、类型多样、竞争力强的专业村和专业乡镇。

（4）发展农产品加工业。通过贴息补助、投资参股和税收优惠等政策，支持农产品加工业的发展；各级财政要专门安排扶持农产品加工的补助资金，支持龙头企业开展技术引进和技术改造；完善农产品加工业增值税政策，减轻农产品加工企业税负；农业综合开发资金要积极支持农业产业化发展，金融机构要加大对龙头企业的信贷支持，重点解决农产品收购资金困难的问题。

（5）积极发展生物质产业。加快开发以农作物秸秆等为主要原料的生物质燃料、肥料、饲料，启动农作物秸秆生物气化和固化成型燃料试点项目，支持秸秆饲料化利用；加强生物质产业技术的研发、示范、储备和推广，组织实施农林生物质科技工程；鼓励利用荒山、荒地等资源发展生物质原料作物种植。

（三）发展农业服务产业

以科技、金融和物流为代表的现代服务业既是现代经济的重要组成部分，又是现代经济得以持续协调全面发展的动力，农业领域同样如此。

（1）建设农业科技创新体系。大幅度增加农业科研投入，加强国家基地、区域性农业科研中心创新能力建设；积极探索农业科技成果进村入户的有效机制和办法；大力推广资源节约型农业技术，提高农业资源和投入品的使用效率；用信息技术装备农业，发挥气象为农业生产和农民生活服务的作用，鼓励在农业生产中积极采用全球卫星定位系统，以及地理信息系统、遥感和管理信息系统等技术。

（2）创新农村金融体制。落实银监会农村金融改革方案，逐步扩大试点范围，努力形成商业金融、合作金融、政策性金融和小额贷款组织互为补充、功能齐备的农村金融体系；探索建立多种形式的担保机制，引导金融机构增加对"三农"的信贷投放；探索建立土地银行制度，扩大农村资金来源，提高农村经济的货币化程度。积极发展农业保险，按照政府引导政策支持、市场运作、农民自愿的原则建立完善农业保险体系，扩大农业政策性保险试点范围。各级财政对农户参加农业保险给予保费补贴，完善农业巨灾风险转移分摊机制，探索建立中央、地方财政支持的农业再保险体系。

（3）发展现代物流产业。采取优惠财税措施，支持农村流通基础设施建设和物流企业发展；合理布局，加快建设一批设施先进、功能完善、交易规范的鲜活农产品批发市场；大力支持建立农村连锁经营、电子商务等现代流通方式；加快建设"万村千乡市场""双百市场""新农村现代流通网络"和"农村商务信息服务"等工程；支持龙头企业、农民专业合作组织等直接向城市超市、社区菜市场和便利店配送农产品；切实落实鲜活农产品运输绿色通道政策。

（4）培育市场流通主体。加快培育农村经纪人、农产品运销专业户和农村各类流通中介组织；采取财税、金融等措施，鼓励各类工商企业通过收购、兼并、参股和特许经营等方式，参与农村市场建设和农产品、农资经营，培育一批大型涉农商贸企业集团；供销合作社要推进开放办社、发展联合与合作、提高经营活力和市场竞争力；发挥邮政系统邮递物流网络的优势，拓展农业发展服务领域；加快国有粮食企业改革步伐，发挥衔接产销、稳定市场的作用；商贸、医药、通信、文化等企业要积极开拓农村市场。

二、发展现代农业、构建现代农业体系的重大意义

发展现代农业、构建现代农业体系是实施乡村振兴战略，推进农业、农村现代化的重要任务。当前，我国正处于传统农业向现代农业转型的重要历史时期，从世界农业发展的规律和我国的国情来看，农业发展必须走建设现代农业的道路。加快从传统农业向现代农业的转变，既是我国经济社会发展的必然要求，也是应对激烈的农业国际化竞争和挑战的必然要求。

（一）坚持发展现代农业、构建现代农业体系是确保实施乡村振兴战略方向正确的重要举措

当前，我国经济已由高速增长阶段转向高质量发展阶段，正处在转变发展方式、优化经济结构、转换增长动力的攻关期，建设现代化经济体系是跨越关口的迫切要求和我国发展的战略目标。实施乡村振兴战略的首要要求就是"产业兴旺"，只有发展现代农业、构建现代体系，以现代农业为基础发展新型农业，乡村振兴才有坚实基础。

（二）坚持发展现代农业、构建现代农业体系是习近平新时代中国特色社会主义思想，是推进农业农村现代化的要求

农业、农村、农民问题是关系国计民生的根本性问题，必须始终把解决好"三农"问题作为全党工作的重中之重。统计资料表明，2016年我国城乡居民人均收入倍差为2.72：1。如果农业搞不上去，不但会制约农业农村经济的发展，而且会影响工业化、城镇化和整个国民经济的发展。所以，只有积极发展现代农业，构建现代农业体系，努力形成城乡融合发展、共同繁荣的良好局面，才能实现国民经济持续健康协调发展，真正把习近平总书记新时代中国特色社会主义思想落到实处。同时，只有发展现代农业、构建现代农业体系，才能不断改善农民的生产和生活条件，从而确保农村和整个社会的稳定。

（三）坚持发展现代农业，构建现代农业体系是确保国家粮食安全的有力保证

党的十九大报告强调，要"确保国家粮食安全，把中国人的饭碗牢牢端在自己手中"。我国是一个具有悠久传统农业历史的国家，传统农业为中华民族的繁衍生息、为我国改革

开放和现代化事业作出了巨大贡献。随着经济社会发展对农产品需求的增长和国际农业化进程的加快，单纯的传统农业已经难以确保国家粮食安全，更难以应对国际化的竞争和挑战。解决粮食安全问题，不仅要稳定粮食的面积，而且要提高粮食的单产。我国正处于工业化、城镇化加快发展的时期，对耕地资源的保护是当前非常重要的任务。因此，提高粮食的总产依靠扩大耕地面积和播种面积潜力不大，重要的是发展现代农业，依靠科学技术提高单产。尽管近些年我国粮食连年丰收，粮食供给是平衡的、安全的，但是仔细分析一下，粮食总产增加的幅度、粮食单产提高的幅度、播种面积增加的幅度，这三个数字都在下降。因此，确保国家粮食安全、提高粮食产量，必须加快技术进步，依靠科技提高单产，这是一个很重要的途径。只有加快现代农业建设、构建现代农业体系，才能强化农业的基础地位，增强农业的基础作用，肩负起新时期农业的历史重任。

（四）坚持发展现代农业，构建现代农业体系是促进农民收入持续增加的有效途径

家庭收入、外出务工的收入、转移性收入构成了农民的总体收入。2015 年，我国农民的工资性收入已占农民人均纯收入比重的 40.3%，非农收入的比重越来越大。这几年农民的收入增加比较快，外出务工的收入贡献率比较高。但是城市居民的收入增加也很快，应该看到城乡收入差距的客观存在。所以，要促进农民收入持续增加，不断缩小城乡居民收入差距，只有发展现代农业，构建现代农业体系，提高农业的附加值，提高农业的综合效益，才能使农民通过农业产业本身增加收入，稳定农业生产，促进农业发展，从而对国民经济高速发展起到支撑作用。

（五）坚持发展现代农业，构建现代农业体系是提高我国农业竞争力的必然选择

在国际统一大市场的背景下，我国农产品市场的开放程度已经很高。近年来，农产品的出口和进口数量都在增长，但是进口数量增长的幅度显著大于出口，从而使我国农产品贸易连续几年出现逆差。究其原因在于我国农产品的竞争力还不高。与发达国家平均水平相比，我国农业生产中科技贡献率要低二三十个百分点，农业从业人员的生产率只相当于发达国家的几十分之一，甚至更低。因此，我们应当顺应世界农业发展潮流，提高农业整体水平和国际竞争力，增强农业安全水平，在应对国际竞争中拓展发展空间，在国际贸易中分享更多利益，使我国农业在激烈的国际竞争中立于不败之地。

三、中国农村发展道路的主要内涵

纵观我国农村发展的历程，始终沿着工业化、城镇化、农业现代化三条主线互动发展。"三化"既拥有各自的运行规律，又相互依托、相互影响、相互制约，共同构成农村发展的主动力。

（一）从农村工业化走向新型工业化

世界工业化距今已有一百多年的历史。英国伴随着蒸汽机的发明和应用，成为第一个工业化国家。美国进行工业化创新，成为世界主要的超级大国。纵观发达国家所走过的历程，大都根据自己的国情选择工业化道路。例如，英国和美国选择的是内生型工业化，德国和日本选择的是政府主导型工业化，中国工业化走的是一条独特的国家工业化和农村工业化相结合的道路。

中国农村工业萌芽于20世纪50年代，停顿于60年代，复苏于70年代。农村改革以后，乡镇企业异军突起，拓宽了农民就业渠道，增加了农民收入，带动了农村经济繁荣。从1985年到1991年间，农村工业产值每年都以20%以上的速度在增长，占农村生产总值的一半。1992年，党的十四大确立了社会主义市场经济的目标。乡镇企业空前发展，一段时期内其年均增速曾达到40%，成为我国农村经济的主体力量和国民经济的重要支柱。许多地方靠工业起家、工业当家、工业发家，创造了一系列成功的模式。例如，以外资企业和中外合资企业为主体的出口导向型的"珠三角模式"，以发展非农产业为主、经济结构不断调整、升级和优化的"苏南模式"，以个体私营经济为主体、从发展小商品起步的"温州模式"等。

进入新世纪和新阶段，随着市场经济、知识经济和经济全球化的发展，我国工业化得到突飞猛进发展，制造业占有举足轻重的世界地位，在大型水利枢纽工程、核电站、高速公路、高铁、地铁建设等方面接近或达到世界先进技术水平。农村工业抓住新的历史机遇，逐步走上了信息化和工业化结合、科技含量高、经济效益好、资源消耗低、环境污染少、人力资源优势得到充分发挥的新型工业化道路。其主要特点有以下几点。

（1）实施民营化推动战略。我国农村工业是在市场经济条件下，以激发人们自我创业、自我发展、自我约束、平等竞争为基本出发点的民营经济；是以民间积累、民间投资、民间经营为主要经营方式，产权清晰、权责明确、政企分开、制度适当、机制灵活的民本经济，并具有动力机制强、市场化程度高、服务民生、促进就业等明显特点。从民营经济的产业结构来看，一些地方利用本地资源优势，发展资源能源型工业，把资源优势转化为经济优势；一些地方搭建平台招商引资，创造性发展先进制造业、高新技术产业等，形成新型工业化优势；一些地方注重发展农产品加工业、传统加工业等，形成特色化工业优势。可以看出，以民为本的民营经济普遍成为一些市县经济的主要支撑。

（2）实施信息化带动战略。工业化是信息化的前提和基础，信息化是工业化的延伸和发展，是提升工业化的强大动力，是工业化发展的一场革命。信息化与工业化深度融合，既是信息化时代的环境使然，也是我国经济社会发展的内生要求。中国农村工业企业推进了农村工业化和信息化有机结合，工业经营规模、创新能力、管理水平、市场竞争力逐步增强。发达地区的乡镇企业大力发展信息产业和高新技术产业，形成以高新技术产业为先导、基础产业和制造业为支撑、服务业全面发展的产业格局，开创了新型工业化的新局面。

面对互联网、物联网、云计算等新信息技术应用的重大机遇，面对 3D 打印机等技术带来的"再工业化"的压力，我国正努力实施"宽带中国"战略，建设"数字中国"，加强信息技术对传统产业的改造提升，对新兴产业的引领带动，推动信息技术嵌入、渗透、覆盖工业生产经营全过程，推动传统工业生产方式向柔性制造、智能制造、服务型制造等新型生产方式转变。

（3）实施科技创新驱动战略。世界工业化经过蒸汽机的一次工业革命、电气化的二次工业革命，已经进入"绿色技术 + 云技术"的三次工业革命时代。工业创新是由科技到形成产业链的过程，是创新模式、创意产业和创意产品全面推进形成价值链的过程。我国坚持把科技创新驱动作为我国工业化发展的长期政策。通过加快产品升级换代，缩短升级换代周期，不断淘汰原有陈旧技术；通过发展创意产业、创新发展模式，提高科技创新的竞争力，促进增长方式转变，推动产业转型升级优化，形成创新型的区域经济优势。当前，我们正努力在高端制造、新能源、信息科技、生命科学等领域缩小与国际水平间的差距，特别要重视自主创新，力求掌握一批具有自主知识产权的核心关键技术，增强原始创新、集成创新和引进消化再创新能力，加快创新成果的转化应用，实现由"中国制造"向"中国创造"的转变，促进工业走创新驱动的内涵式发展道路。

（4）实施产业集聚、企业集群战略。国家引导工业企业依靠信息技术和科学进步，推动农村工业由资源依赖向科技依托、投资拉动与向科技驱动转变，提高经济质量和效益。制定有利于企业特别是中小型和微型企业发展的金融、土地、财政、税收、工商等政策，改善企业发展环境，增强工业经济的拓展能力。构筑城乡一体化的基础设施网络，推动产业集聚发展、企业集群发展，推动传统产业高新化、主导产业品牌化、新兴产业规模化。鼓励企业创新创业，把资产多、运行状况好、经济效益高的企业改制为股份有限公司，有条件地转化为上市公司、发展成跨国公司，形成全球化的产业链、价值链。如今各类专业化乡镇工业园区已成为一道亮丽风景。一些地方民营企业集团化，涌现一大批有竞争力的现代企业。广东、江苏一些民营企业年营业收入超过千亿元，江阴市营业收入过百亿的企业有 30 多个，福建晋江市上市公司达到 40 多个。一些地方创办村企合一的集体企业，倡导村组集体、员工、村民与经营管理者共同持股，共同分享发展成果，推动了农村经济制度的创新。

（5）实施生态化、可持续发展战略。国家出台环保优先的产业发展政策，引导企业处理好工业化发展与环境保护的关系，在发展工业经济时优先考虑环境建设，在选择工业项目时优先考察污染排放指标，在重大项目决策时优先进行环境综合评价。生态环境部门要坚持不具备污染处理能力的项目不批，从源头上保护生态环境。鼓励发展低碳、无碳等绿色产业，发展循环经济，在一些发达地区和生态保护区设立限制开发区、不开发区。提倡建设绿色企业，打造生态化工业园区。有的地方对企业实行清洁生产审计，把环境优美的生态企业作为绿色经济示范点。

（二）从农村城镇化走向城乡一体化

城市化是世界发展的大趋势，是人类生产与生活方式由农村型向城市型转化的过程，是人口向城市集中、城市数量增多、城市规模扩大的过程。世界城市化走过了上千年的历程，高速发展主要发生在近两三百年。2000 年，世界城市化率上升为 50%。发达国家城市化经验表明，一个区域城市化水平超越 50%，便由传统社会步入现代社会，开始向城乡一体化方向迈进。发达国家在 20 世纪中叶便从高度城市化转向城乡一体化。我国城镇化水平长期落后于发达国家。随着农村改革和工业化的加速推进，我国农村逐步走上有中国特色的城镇化道路。1949 年中国城市 136 个，城镇人口 5765 万人，城市化水平为 10.60%。1978 年全国城市增加到 192 个，城镇人口为 1.7245 亿人，城镇化水平为 17.92%。改革开放后，特别是党在十五届三中全会中提出发展小城镇战略后，城市化节奏加快，2012 年城镇化率超过 52%。随着政府制定出更多的国家城市化发展规划，预计将会有相当多的城镇将转化为城市。

中国用 30 年的时间赶上了西方 200 年城市化发展的进程。城市化的推进，使大量农民向城市流动，从传统农业农村部门转移到第二、三产业部门，不仅为就业增收提供了发展的平台，相应地增加了农民人均资源占有量，而且拉动了消费、扩大了内需，为经济持续增长提供了新的途径，成为转变国民经济增长方式、改变国民生活方式的重大举措。就农村城镇化发展的战略来看，主要有以下特点。

（1）以人为本。中国城镇化在一定程度上讲是农民的城镇化。农民是城镇化的主体，我们必须尊重农民，依靠农民，维护农民的利益。中国城市化过程中遇到许多问题，最重要的问题是部分地方贪大求洋、盲目发展，不考虑资源环境的承载能力，搞城市化"大跃进"，土地城市化快于人口城市化，被称为"虚城市化"；有的地方利用土地财政，进行城市扩容、在旧城改造中强制拆迁，出现"见物不见人，要地不要人"的现象，严重损害了农民利益，被称作"伪城市化"；还有的地方农民"被城市化"，没有真正享受城市居民在住房、教育、医疗、社会保障等方面均等化的权利，被称作"浅城市化"。针对以上问题，我们正遵循城市发展客观规律，按照基本服务均等化、高端服务市场化原则，完善城市功能布局，强化城市公共服务，努力实现城乡居民权利平等、身份平等，最终实现以人为本、可持续发展的新型城镇化。

（2）多元发展。中国农村人口多，我们必须根据不同区域工业化发展的阶段性水平，综合考虑资源条件、人口规模和经济发展水平，把发展特大城市、大城市、中等城市和小城市（镇）有机结合起来。经济欠发达、人口相对较少的地区，重点建设和发展县城。中部地区在扩展县市、城镇的同时，重点建设和发展那些区位优势强、资源条件好、人口规模大的中心城镇。经济发达地区在继续扩张现有大中城市的基础上，对已经形成的小城镇群或小城镇带进行整合，实现由镇到市的转变。城镇的发展根据区域、资源、产业、人文优势和自然禀赋优势，充分体现其特色化、差异化。

（3）产业支撑。产业化与城市化同生同长，共同把城市化推向更高阶段。协作性的大规模工业生产极大地推动着城市化的发展。按照著名经济学家钱纳里城市发展模型，工业化达到40%，城市化应该达到65%。目前，中国工业化接近50%，城市化刚过50%，可见中国城市化发展潜力很大。进入信息化社会以来，信息技术带来产业革命，服务业全面发展成为城市化发展的新动力。中国农村城镇化以产业化为基础，按照"一产一城、一产多城、一城多产"的思路，产业先行、以产兴城、以城促产、产城融合，建设了一大批"产城一体"的新型城镇。

（4）节约集约。从国际经验来看，世界上所有国家的城市化中有30%～50%的高速发展时期，其都经历过低成本的发展过程。我国现在正处于这样的发展时期。城市化的低成本，主要包括农村劳动力向城市转移的低成本和城市建设以及管理的低成本。中国为降低农民进城的成本，大力发展小城镇降低"门槛"；为降低城镇建设的成本，制定优惠政策调动各方面投资城镇的积极性，科学地规划和建设基础设施，杜绝城市化过程中的资源浪费；同时，探索新途径、采用新技术，降低管理成本，走出一条集约发展的道路。

（5）绿色生态。随着中国经济社会发展发生绿色转型、绿色变革，逐步走向生态文明新时代，建设美丽城市、美丽乡村成为一个鲜明的时代特点。很多城市重视发展循环经济，发展绿色产业，发展低消耗、低排放的高新技术产业、高端服务业；同时，重视发展绿色交通，打造绿化、净化、美化的人居环境。有的城市大力建设森林城市、田园化林园化城市，城市景观和田园景色融为一体，涌现了一批蓝天绿地相映衬、青山绿水相依托的风景城市，为居民创造了宜居宜业的美好家园。

（6）城乡一体。城镇化是产业化发展的必然产物，城乡一体化则是城镇化的必然结果，是城镇化发展的最高境界。城镇化的重点是建设城镇，城乡一体化的重点是统筹城乡发展，形成城乡一体化新格局。多年来，城乡二元结构造成"三农"问题越来越严重。进入新时期，城镇化快速发展，城乡差别越来越大。党的十六大提出统筹城乡发展战略，十七届三中全会提出加快形成城乡一体化新格局，党的十八大指出城乡发展一体化是解决"三农"问题的根本途径，这些理论对中国农村发展提供了全新的思路。所谓城乡一体化，具体地说，就是在发展规划、产业布局、基础设施建设、公共服务、劳动就业社会管理等方面实现一体化；就是要调整国民收入分配格局，实现财政对农村全覆盖；就是促进公共资源在城乡之间均衡配置和城乡平衡发展，实现城乡制度和政策上的平等、国民待遇上的均衡和基本公共服务的均等。

（三）从传统农业走向现代化农业

农业现代化是伴随工业现代化而实现的。信息化时代的到来，使农业和工业一样进入第二次现代化阶段。发达国家的农业现代化有两种模式，一是"节约劳动型"，二是"节约土地型"。美国人均土地15亩，走的是节约劳动型道路。日本人均土地不到半亩，走的是节约土地型道路。中国人多地少，加之农业历史悠久，有着一套精耕细作的传统经验，农业现代化要借鉴发达国家经验，也要因地制宜。我们依靠体制改革和技术创新，把现代农业理念与中国国情相结合，把现代科学技术和传统有机农业技术相结合，走节约土地型与资本技术、劳动密集型相结合的发展道路，逐步从简单劳动和土地相结合的传统农业，走向以知识和资本为主的各种生产要素通过市场作用优化配置的现代农业。我国确立了21世纪中叶基本实现农业现代化的奋斗目标，并确立了7类22项评价指标，作为判断、评价农业现代化水平与发展阶段的依据。

在农业发展观念上，坚持"一个主体、三个属性"，即引导农民由单纯生产者变成独立的经营者。根据农业自然属性，把农业发展和环境保护统一起来，积极探索保证人类安全、健康的生产方式，既能生产出足够的食物满足当代人的需要，又能保护自然资源，改善生态环境，保持农业永续发展。鉴于农业具有商品属性，我国要抓住市场化、全球化的机遇，建立大开放、大流通的国际化格局，打造高质量、高效益的现代农业。鉴于农业具有社会属性，尤其是关系十几亿人口的粮食安全和整个社会的稳定，因此，我国应积极构建农业支持保护体系。

在现代农业实践中，我国积极推进"两个创新"。以经营制度创新为突破口，建立农业家庭承包、统分结合的双层经营体制，逐步实现农业市场化、产业化、社会化、信息化、国际化。以加快农业基础设施建设、推进农业新技术革命为抓手，建立一批优质、高效、可持续发展的现代化农业园区和示范区。良种技术、生物技术等取得重大突破；农业机械化、电气化、水利化快速发展；农业由单一功能向多功能转变，内涵和外延均发生了深刻变化；品质高、附加值高的农产品在农业中所占的比重不断增加，农产品加工率超过90%，加工食品占食物消费总量的80%，呈现出方便化、工程化、功能化和专用化四大趋势。

分析中国现代农业发展的原因，主要得益于以下六个体系的建设。

（1）新型农业经营体系。改革开放初期，我国推行以家庭联产承包为基础、统分结合的双层经营制度。1984年，中央决定土地承包延长15年。1998年土地承包到期，中央决定延长30年，长期不变。2008年，中央决定土地承包关系保持稳定，长久不变，赋予农民更加充分而有保障的土地承包经营权，并且要求把土地承包经营权确权到户。为了推进农业现代化，我国一方面推动经营体制创新，加快农业经营方式转变，重点培育农业产业化龙头企业，发展农业产业化，引导家庭经营向采用先进科技和生产手段方向转变，引导统一经营向农户联合与合作，并形成多元化、多层次、多形式经营服务体系的方向转变。另一方面，建立完善土地承包经营权流转制度，加强承包经营权流转管理和服务，构建土地承包纠纷调解仲裁体系，健全流转市场，推动土地适度规模经营，积极构建集约化、专业化、组织化、社会化相结合的新型农业经营体系。

（2）农业支持保护体系。发达国家大都实行支持和保护农业的政策。美国自20世纪30年代开始，就形成了一整套支持保护农业制度，90年代初期每个农业生产者平均每年可以得到补贴1万美元，日本每年补贴农民310亿美元，欧盟补贴农民620亿美元。我国进入21世纪，废除了农业税和农林特产税，逐步建立了农业支持保护体系。我国政府政策的主要内容是直接发放农业补贴，随着国家财力的增强，不断扩大补贴范围、加大补贴力度，同时适当提高粮食最低收购价格，实施政策性农业保险措施。

（3）现代农业产业体系。一是建立粮食安全保障体系，实施全国新增千亿斤粮食生产能力规划，构建以农产品主产区为主体的"七区二十三带"战略格局，建设一批高产稳产商品粮生产基地。二是建立特色农业生产体系，推进现代农业示范区建设，开发食品保障、原料供给、生态保护、观光休闲、文化传承等多种功能，向农业领域的广度和深度进军。三是建立农产品加工体系，大力发展农产品精深加工业，延长农业产业链，把更多的原始农产品变成高附加值的食品。四是健全现代农业市场体系，培育多元化市场流通主体，构建开放统一、竞争有序的现代流通业。五是建立食品安全监督检测体系。

（4）农业社会化服务体系。我国政府通过出台补贴政策，扶持农业龙头企业，发展新型农民合作经济组织，形成全程化、综合化、便捷化的农业服务体系，推动农产品生产规模化、集群化、品牌化发展。加强农业公共服务能力建设，健全乡镇或区域性农业技术推广、动植物疫病防控、农产品质量监管等公共服务机构。鼓励创办加工、销售与千家万户种植相连接的企业开展市场化服务，采取"租赁经营""全程托管""菜单式服务"等模式，对散户、小户开展产前、产中和产后一系列服务。针对一些"空壳村"集体经济薄弱问题，支持发展集体经济，探索新型集体经济制度。

（5）农业科技创新和成果转化体系。加强农业科技公共服务，加快农业科技成果应用转化，提高农业科技贡献率，把农业科技弱势变成科技强势，把农业大国变成农业强国。加大财政对农业科研推广的投入力度，加大对农民采用农业技术的补助力度。推广基层科技特派员制度，鼓励科技人员到农业一线创业；健全技术推广体系，发挥农业院校在农业技术推广中的积极作用。按照"政策激励 + 利益共享"原则，鼓励科技人员把科研成果和先进适用技术广泛直接地运用于现代农业生产中。

（6）农业基础设施体系。农业基础设施体系主要包括农业机械化、水利化、良田化、生态化、信息化。大力促进农机农艺融合，力争 2020 年耕种收综合机械化水平达到 60% 左右。大力建设水利基础设施，搞好土地整理复垦，大规模建设旱涝保收、高产稳产的高标准农田。大力开展生态环境保护，发展循环农业、生态农业。大力发展农业信息技术，加强信息服务平台建设，提高农业生产经营信息化水平。

四、新时期农村社会发展面临的挑战

2017 年 7 月，由中国社会科学院农村发展研究所发布的《中国农村发展报告（2017）》指出，当前中国农村已经进入加快转型和全面转型的新阶段，也就是实现农村现代化和城乡发展一体化的过程正面临着以下八大严峻挑战。

（一）高成本严重损害农业竞争力

2005—2015 年，中国三种粮食每亩总成本平均每年上涨 9.7%，其中，人工成本年均上涨 11.0%，土地成本年均上涨 13.5%，均远高于同期农林牧渔业的年均增长率（4.4%）和谷物生产者价格指数的年均上涨率（4.8%）。高生产成本推高了粮食价格，降低了农业经营收益，损害了农业竞争力。

（二）农业机械化亟待转型升级

自 2011 年以来，不但大中型农机具数量和机械作业费增速"双回落"，而且小型拖拉机的绝对数量连续减少。这意味着，中国的大中型农机具数量正趋于饱和，农机作业市场竞争日益充分，农业机械化面临转型压力。

（三）"谁来种地"难题尚未破解

目前，新生代农民工基本上没有参加过农业生产且早已习惯城镇生活，不会种地也不愿种地，再加上务农收益较低和耕地细碎化，一些地方开始出现抛荒现象，在河南南部、湖南西部的山区，耕地抛荒比例接近 1/4。

（四）农业规模经营面临巨大挑战

2015 年底，经营耕地 10 亩（1 亩 ≈666.67 平方米）以下的农户数量仍然多达 2.1 亿户，占全部农户的 79.6%。2016 年，全国土地流转面积为 4.71 亿亩，占家庭承包耕地面积的比重为 35.1%，仅比 2015 年提高了 1.8 个百分点，远低于 2012—2014 年 4 个百分点以上的年均增速，一些农民想出租土地却没人承接。

（五）农民增收的压力不断增加

由于中国经济发展进入新常态，并且农业经营效益进入下行通道，农民增收的务农、务工这两大传统动力有所减弱，再加上财产性收入短期内难以有明显增加（2016 年仅占 2.2%），依靠转移净收入来支撑农民收入增长也不太现实，农民增收难度日益加大。

（六）农村资源资产浪费严重

当前，农村居民点空闲和闲置用地面积多达 3000 万亩。2000—2011 年，在全国农村人口减少 1.33 亿人的情况下，农村居民用地反而增加了 3045 万亩。另外，每年因农村人口转变为城镇居民而新增农村闲置住房 5.94 亿平方米，折合市场价值约 4000 亿元。

（七）农村生态环境亟待改善

不科学的经营管理理念和落后的生产方式，如化肥、农药、农膜的过量使用，再加上全国每年 38 亿吨的畜禽粪污产生量，导致中国的农业面源污染十分严重。另外，近年来随着农民生活水平的提高，农村出现的生活垃圾和污水污染问题也日益突出。

（八）乡村治理模式仍需创新

农业组织形式和生产方式的转变要求创新乡村治理机制。农村集体经济组织、农村股份合作经济组织与"村两委"的关系亟待理顺。乡村治理机制如何适应农业转移人口市民化、农村社区化值得注意。

《中国农村发展报告（2017）》提出，在新的时期，要加快农村全面转型，必须全面激活要素、市场和主体，赋予农民更多的财产权利，促进城乡资源要素双向流动，激发农村发展活力和新动能。重点需要做好以下五个方面的工作：一是提高农村资源资产的流动性，探索农村土地的国家收储制度。其主要包括探索进城落户农民农村承包地、宅基地以及其他资源资产的市场化退出机制，在条件允许的部分地区，尝试农村资源资产跨集体转让等。二是加快农村集体产权制度改革，发展壮大新型农村集体经济。主要包括明确农村集体经济组织成员资格认定，赋予集体经营性资产股份更多权利权能，多种方式发展壮大新型农村集体经济等。三是构建新型农业经营体系，保障农村发展全面转型。要强化新型农业经营和服务主体的作用，加快创新农业规模经营实现方式，并积极引导小农生产进入现代农业发展轨道。四是加快供给侧结构性改革，提高农业竞争力和经营效益。这要从降低农业生产成本，调整农业产业结构，提升农产品品质，促进第一、二、三产业融合等方面发力。五是完善支持保护政策，促进农业农村持续稳定发展。一方面要创新财政支农方式，另一方面要健全农业保险制度。

第三节　发展现代农业的经验及存在的问题

一、国外发展现代农业的经验

（一）以农业机械化为起步，以农业一体化为标志的现代农业

美国是这一方式的典型代表。美国的特点是地广人稀，人均土地资源丰富。这一资源禀赋特征，使土地和机械相对价格长期下降，而劳动力相对价格不断上升，促使农场主不得不用土地和机械动力替代人力，这种替代包含着农业机械技术的不断改进。美国农业现代化的发展依照机械化发展的进程可划分为以下三个阶段。

第一阶段：半机械化阶段。这个阶段以人力和畜力驱动、按机械原理设计制造的改良农机具取代传统农具的过程，是农业机械化的初始阶段。

第二阶段：田间作业机械化阶段。这个阶段是以电力驱动的大型现代农机具代替非机械动力农机具的过程，是机械化发展的阶段。

第三阶段：全盘机械化阶段。这个阶段是机械化的成熟阶段，开始于二十世纪四五十年代，完成于二十世纪七八十年代。在这一阶段，不仅农机具的数量增加，性能也不断提高，设计和制造出适应精细作业要求的农业机械。

在经营模式方面，农业的高度专业化是农业一体化的基础。发展现代农业依赖于农业一体化进程。二十世纪八十年代后半期，在高度社会分工和专业化的基础上，农业同产前与产后部门（相关联的工商企业）通过经济上、组织上的结合，或通过相对稳定的

业务联系，形成一种经营形式或经营系统，被称为现代大农业或垂直一体化经营的农业。农业的垂直一体化经营，依照农业关联企业与农民结合的不同方式和不同程度，可分为以下三种形式。

（1）农业关联企业与农场结合在一起，形成经济实体，构成农工商综合体。

（2）合同制。农业关联企业与农场主签订合同，在明确双方各自承担的责任和义务的条件下，把产供销统一起来，原有工商企业和农场仍保持各自独立的实体不变。

（3）农民组成合作社，直接参与到农业垂直一体化的进程之中，成为一体化的主体成分。农业的一体化，促进了现代农业的大发展。

（二）以农业科技为突破、以技术推广和服务体系为支撑的现代农业

以色列发展现代农业的成功得益于农业的集约化、完善的农业科研开发、技术推广和服务体系。以色列发展农业的经验主要包括以下三个方面。

（1）加强健全科研、推广和服务体系。科研、推广和服务是以色列农业高度发达的原动力，科研开发是后盾，推广和服务体系是动脉，以色列建立了一套由政府部门（农业农村部等）的科研机构和社区（基布茨、莫沙夫）及社会科研机构相结合的科研、开发体系。每个科研机构都定期将研究成果推广用到农业生产，使这些科研成果很快转化为现实生产力。以色列的每一位农业科研人员都是某一方面的专家，他们为农业生产、经营者提供技术指导、咨询和培训。另外，这些专家还是科技推广者和技术承包的实践者，与农户签订服务合同，从而使农民获得更大的经济效益。

（2）成功的"公司＋农户"模式。以色列农业的生产经营特点：一是订单生产；二是农业生产与国际市场联系紧密。基布茨的农业生产直接与国际市场连接，生产、加工、包装、销售基本上是一体化的经营。莫沙夫中的农户直接与国内的公司签订购销合同或者直接上网销售，从而使农产品进入国内、国际市场。还有一种方式是公司与农户建立股份制关系，由公司为农户提供资金用于农业基础设施的建设并负责农户产品的收购，再从每年付给农户的贷款中分成或逐年回收投资。由于以色列的农业相当发达，农民科学文化水平也很高，农民可以直接从互联网上了解农副产品的市场行情，所以，公司与农户的利益分配比较合理，从而形成了公司与农户间的良好互动机制。

（3）加强对农民的教育、培训。以色列的教育非常发达，国民受教育程度很高。农民中大学以上文化程度的占到47%，其他至少是高中文化程度。高素质的农业劳动力为学习、运用先进的生产技术、管理技术提供了可靠的保障。同时，也使农民更乐于接受新生事物，更乐于采用新品种、新技术，这些都为以色列现代农业的发展插上了腾飞的翅膀。

（三）以市场为导向，以加强农民素质教育、提高农民组织化程度为主体的现代农业

1. 以市场为导向，提高应变能力

以市场需求为导向是一个系统工程，需要大量准确的市场信息、快速灵活的产品调整

能力和农业科研水平的跟进力。否则，在不断变化的国际市场上，任何一种产品都有可能丧失原有优势，甚至被淘汰出局。如荷兰农产品一直瞄准国际这个大市场。德国一直是荷兰农产品出口的主要市场，其中包括消费者喜爱的大众食品——荷兰西红柿。10多年前，荷兰对德国出口西红柿遭遇困境，因为德国消费者将目光转向来自其他国家的西红柿。在这种情况下，荷兰农业科研机构紧急动员，在很短的时间内培育出新的西红柿品种，成功夺回了德国这个传统的出口市场。这个例子说明，市场总是不断变化的，就是对一种比较稳定的出口产品，也不能高枕无忧，只有根据变化随时调整，才能保住市场占有量。

2.加强农民素质教育，提高农民组织化程度

发展现代农业不仅在于高科技在农牧业中的运用和普及，而且在于农民高度的组织化程度和本身的高素质。荷兰农业和畜牧业的经营模式虽然以家庭为主、规模不大，但各种各样的农业合作社组织使他们形成了一个巨大的专业群体，农民借助这个群体的力量，获取信息、获得贷款、推销产品。荷兰的农业合作社遍及生产环节的各个领域，无论是种子的培育、饲料肥料的供应，还是农产品的销售，都可以通过加入合作社得到解决。

荷兰主要的合作社大致有这样几种：一是信贷合作社。这种合作社遍及荷兰各地，对支持农民扩大生产、更新设备发挥了重要的作用。现在，农民90%以上的生产贷款均来自信贷合作社。二是采购合作社。这种合作社为农民购买种子、饲料、肥料提供了方便和帮助。此外，这种合作社还有自己的加工厂。三是销售加工合作社。正是由于这类合作社的存在，荷兰农产品的销售网遍布世界各地。四是拍卖合作社。正是通过这种运作模式，荷兰的鲜花才能以最快的速度空运到世界各大城市的消费者手中，不仅使荷兰赢得了"鲜花之国"的美誉，而且获得了巨大的利润。目前，花农在荷兰农民中的收入最高。

荷兰农民收入高还与其受教育程度高密切相关，荷兰政府始终将农民教育摆在优先地位。在荷兰，全国各类农业院校和培训中心多达342所，这些高等农业学府或是农业专科学校一个始终不变的宗旨就是为农民服务、为生产服务。在这样的指导思想下，农业的教育、科研与生产形成了有机紧密的联系。荷兰虽然没有明文规定农民必须接受何等程度的教育，但绝大多数农民至少都接受过中等农业专科学校的培训，大学毕业生务农在荷兰更不是什么新闻。每个农民在其生产过程中，还要定期接受各种培训。专业农业科学知识普及员通过各种形式的培训班向农民传送最新的农业科技知识。

二、国内发展现代农业的典型案例

（一）城郊型农村的生态农业带动现代农业发展

北京市大兴区北蒲洲营村是以生产绿色有机农产品为主导产业的城郊生态型新农村，兼顾发展休闲观光农业等现代农业。该村规划最引人注目的是在一个村的范围内进行总体布局规划，实现最小范围的功能布局。按照北蒲洲营村以生态有机蔬菜产业为主的发展目标，村域土地分为设施农业生产区、养殖区、休闲采摘区、居住区、基本园田、基本粮田

和其他区。

北蒲洲营村重视发展环境友好型农村，充分整合农村资源，实现农村产业的有序规范发展，这也成为城市郊区农村示范规划的一个共同特点。在这方面，上海市嘉定区毛桥村将全村规划为以观光农业为核心的农业生产区、生态工业区、生活区和观光农业区四大版块，集约化发展现代农业。

以生态农业建设为核心，集约利用土地，分区分片规划，紧紧围绕城市发展的需求定位发展目标，是城郊型农村发展现代农业的主要模式。

（二）农业产业化、农村工业化带动现代农业发展

农业产业化发展方面，江苏姜堰区河横村规划瞄准现代农业，大力发展农业产业化。河横村位于江苏省姜堰区北部，依托良好的生态环境，强势打造农产品品牌，大力发展和引进高效农业、观光农业、外向农业，建成了特种种植区、特种养殖区、绿色食品加工区、科研示范区和休闲观光区等五大功能区。从河横村规划的特点来看，农业产业化深度开发是最大的亮点，有利于进一步提升优势农业的竞争力，最终实现农民利益最大化。在这方面，除河横村外，还有山东寿光市三元朱村等。虽然目前多数农村还难以达到这种程度，但通过各自特色产业的不断发展，将实现现代农业的目标。

农村工业化发展方面，湖南省桃江县灰山港镇向阳花村通过工业化带动现代农业发展。向阳花村拥有丰富的瓷土、石灰石、煤等矿产资源。村集体拿出 40 万元并向银行贷款 250 万元，建成并投产水泥厂。以后又建成了向阳水泥二厂，并以此为契机，带动了村里矿产业、运输业、服务业的迅速发展，逐步形成了以建材、化工、矿业加工为主的三大支柱产业。向阳花村在工业发展喜人的形势下，并没有放松农业的发展。为了发展现代农业，村里与湖南农业大学建立了合作关系，2004 年由湖南农业大学提供技术、资金办起了桃花江葛食品公司，建立了"基地＋企业"的现代农业模式，呈现出良好的发展态势。

工业发展致富后，带动农业发展，形成农业产业化是农村发展过程中最普遍的现象。向阳花村发展的特点主要表现在智力支持与发展现代农业结合在一起，和高校建立合作关系。一方面，指导现代农业的发展；另一方面，不断培养、提高农民的基本素质，适应现代农业发展变化的需要。

（三）农村产业特色化带动现代农业发展

特色化发展是农村致富，促进传统农业向现代农业转化的又一方面。陕西省礼泉县白村在发展农村经济的过程中，选择"一村一品"特色模式。礼泉县白村地处苹果产区，农业结构以果业、养殖业为主。白村积极推进"一村一品"，大力发展现代果业，努力推进农业产业化经营，促进传统农业向现代农业转化是其规划的一大亮点。白村村域布局分为生产区、商业区、居住区和产业园区。白村推进"一村一品"的具体措施有：一是以果业发展为重点，树立品牌意识，打造优质精品果品村。二是组织无公害农产品、绿色食品认证，积极开展良好农业规范（GAP）认证。三是延长果业产业链。四是发展运销服务组织，

扩大果品的销售能力。五是以果业为主开发乡村旅游业，重点开发以农业科技园、"农家乐"和民间传统艺术展示为主题的都市观光农业圈。

从白村的发展规划来看，以果业为主业的"一村一品"正在朝着集约化、品牌化方向发展，开始形成跨区域、大规模、集群式发展格局，并开始打造一条完整的产业链条，向深加工业、服务业和乡村旅游业延伸，这符合农村经济和现代农业的发展特征。但实施"一村一品"要特别注意产品趋同的问题，关键是要进行整体规划和科学指导，不断提升"一村一品"发展的层次。

三、我国发展现代农业面临的问题

近几年，我国的农业发展取得了很大的进步，但从总体情况上看，仍处于传统农业向现代农业发展的过渡阶段，还面临着一些制约现代农业发展的深层次问题，如专业化水平低、技术含量低、人才缺乏等。

（一）农业产业化水平不高，农民组织化程度低

从总体上来看，与发达国家相比，我国农业的产业化水平不够高，农业产业链不够长，农产品加工增值转化率还比较低。同时，在农业产业化过程中，农业龙头企业与农民的利益联结机制和利益关系还不够紧密，社区集体经济组织在农业产销环节中的协调、管理、服务职能又没有得到很好的发挥，农民专业合作社的发展还处于起步阶段。这些都制约了我国现代农业发展的进程。

（二）农民整体素质仍然偏低，农民的科技文化吸纳能力不强

据统计，2005年我国农村劳动力中小学文化程度及以下的占37%，初中文化程度的占50%，高中文化程度及以上的占13%。这既制约了农民就业致富的机会和途径，也制约了农业劳动生产率的提高和现代农业的发展。

（三）农业基础设施仍然薄弱，农业劳动生产率低下

从总体上来看，我国农业基础设施建设仍然薄弱，农机装备和水利设施离现代农业发展的要求还有较大的差距，农业抗御自然灾害的能力没有明显提升。同时，我国农业劳动生产率低下，仅相当于第二产业劳动生产率的1/8、第三产业劳动生产率的1/4。

（四）农业资源性矛盾突出，生态环境恶化

我国农业耕地和水等自然资源严重不足，并且在短期内难以改变。近年来，随着城市化和工业化的快速推进，非生产性建设用地急剧增加，耕地面积逐年锐减，耕地和水资源还在不断减少，人均占有耕地面积由中华人民共和国成立初期的2.5亩下降到现在的1.04亩，比世界平均水平低0.06亩，"人地矛盾"更加突出。我国淡水资源分布不均衡，人均拥有水资源量仅占世界的1/5，水资源严重匮乏。农业资源性矛盾非常严峻。与此同时值得注意的是，耕地质量也不容乐观，土壤在退化。工业"三废"使农业环境整体恶化，农

业自身面源污染已成为影响农业生态环境的主要污染源。我国现代农业面临农业资源和生态环境的严峻挑战。

（五）科技支撑力量仍然薄弱，成果推广应用缓慢

一是我国科技对农业增长的贡献率还比较低，比农业发达国家低 20 多个百分点，远远不能适应新的农业科技革命的要求；二是现代农业技术利用率不高，普及率低，特别是基层农业技术推广体系还不完善，存在人员缺乏、管理体制不完善、业务素质不高、服务方法落后等问题；三是农业科技储备严重不足，农业科技取得重大突破的难度越来越大。这些都表明，我国的农业科技研究创新和推广应用还不能为发展高产、优质、高效、生态、安全农业和推进现代农业的建设提供强大的科技支撑。

（六）农业和农村发展的体制性障碍依然存在

第一，歧视性管理政策削弱了农业自我发展的能力，扩大了城乡居民的之间收入差距。一些地方仍然存在"重工业轻农业""重城市轻农村"的观念，城乡投资差距较大，与农民生产生活息息相关的科技、信息、文化、卫生、金融、保险等服务体系还不健全，城乡二元结构未从根本上打破。近两年，城乡居民收入的相对差距和绝对差距仍在继续扩大。2000 年城乡居民收入之比为 2.11 ∶ 1，2005 年扩大到 2.33 ∶ 1；农村市场消费品零售额占全社会消费品零售额的比重由 33.9% 下降为 28.5%，农民再生产投入严重不足。

第二，公共管理结构不合理，阻碍了农业制度的进步。

第三，市场经济制度的深化和发展，使农民和农业的弱势地位凸显。因此，我国政策体系中的"剪刀差"政策、治理结构不完整、社会保障体系不完善等，决定了中国公共政策对农业缺乏扶持力度的现象以及中国现代农业的落后状况。

（七）与现代农业特征相适应的市场环境缺失

第一，市场环境缺失和价格扭曲，使现代农业必需的资源不能顺畅地流入农业领域，农业领域多余的资源也不能合理地流向社会。

第二，农村教育落后和农民文化科技素质偏低，制约了生产方式和观念的更新，阻碍了农业技术的推广。

第三，歧视农业和农民的社会意识，降低了劳动力市场的资源配置作用，阻碍了农业技术人员向农村、农业流动。

第四节　构建现代农业体系，推进农业农村现代化建设

构建现代农业体系，推进农业农村现代化建设顺应我国经济社会发展的客观趋势，符合当今世界农业发展的一般规律，是加快社会主义现代化建设进程的重大任务。因此，我们必须针对目前发展现代农业面临的问题，以优化农业结构、培育新型农业经营主体、推

进农业服务体系社会化建设等为切入点，构建和完善现代农业产业体系、生产体系、经营体系、农业支持保护制度和农业社会化服务体系，推进我国农业农村现代化建设。

一、优化农业结构，健全现代农业的产业体系

现代农业产业体系，是产业横向拓展和纵向延伸的有机统一，重点解决农业资源要素配置和农产品供给效率问题，是现代农业整体素质和竞争力的显著标志。现代农业产业体系的主要特征就是在农业产业发展中突出高新技术的现代性，展示出现代农业产业体系的核心竞争力。健全建设现代农业产业体系，必须注重高新技术的发展和运用，开发农业领域的多种功能，向农业的广度和深度进军，促进农业结构的不断优化升级。

（一）端牢饭碗，提高粮食生产能力保障水平

1. 坚持最严格的耕地保护制度

全面划定永久基本农田，以粮食等大宗农产品主产区为重点，大规模推进农田水利、土地整治、中低产田改造和高标准农田建设。

2. 完善耕地占补平衡制度

耕地占补平衡要注重空间均衡、生态效应，探索重大建设项目国家统筹补充耕地办法，探索建设占用耕地补充责任的多元化实现途径，推进补充耕地的跨区域国家统筹，全面推进建设占用耕地耕作层土地剥离再利用。

3. 建立粮食生产功能区和重要农产品生产保护区

健全粮食主产区利益补偿机制，继续实施优质粮食产业、种子、植保和粮食丰产科技等工程，支持粮食主产区发展粮食生产和促进经济增长，确保稻谷、小麦等口粮种植面积基本稳定。

4. 完善粮食安全系统

深入推进粮食绿色高产高效创建，加强对粮食生产、消费、库存及进出口的监测和调控，建立和完善粮食安全预警系统，维护国内粮食市场的稳定。

（二）加快推进农业结构调整，推进农村第一、二、三产业的融合发展

（1）加快推进农业结构调整，推动粮经饲统筹、农林牧渔结合、种养加一体化发展。重点是调整农业种植结构，支持优势产区加强棉花、油料、糖料、大豆、林果等生产基地的建设；统筹考虑种养规模和资源环境承载力，推广粮改饲和种养结合模式，发展农区畜牧业；分区域推进现代草业和草食畜牧业发展，提高畜禽、水产标准化规模化养殖水平，促进奶业优质安全发展；实施园艺产品提质增效工程，发展特色经济林和林下经济。

（2）优化特色农产品生产布局，加快现代农业示范区建设。

（3）推进农业产业链和价值链建设，建立多形式利益联结机制，培育融合主体、创新融合方式，拓宽农民增收渠道，分享更多增值收益。积极发展农产品加工业和农业生产性服务业，拓展农业多种功能，加快发展都市现代农业，推进农业与旅游休闲、教育文化、

健康养生等深度融合，发展观光农业、体验农业、创意农业等新业态，激活农村要素资源，增加农民财产性收入。

（三）确保农产品质量安全，促进农业可持续发展

1. 全面推行农业标准化生产

重点是完善农业标准，加强农产品质量安全和农业投入品监管，强化产地安全管理，实行产地准出和市场准入制度，建立全程可追溯、互联共享的农产品质量安全信息平台，健全从农田到餐桌的农产品质量安全全过程监管体系；加强动植物疫病防控能力建设，强化农药和兽药残留超标治理，严格执行食用农产品添加剂控制标准，强化进口农产品质量安全监管；创建优质农产品品牌，支持品牌化营销。

2. 大力发展生态友好型农业

实施化肥农药使用量零增长行动，全面推广测土配方施肥、农药精准高效施用；实施种养结合循环农业示范工程，推动种养业废弃物资源化利用、无害化处理；开展农业面源污染综合防治工作以及耕地质量保护与提升行动，创建农业可持续发展试验示范区。

3. 加强农业国际合作

健全农产品贸易调控机制，优化进口来源地布局，在确保供给安全条件下，扩大优势农产品出口，适度增加国内紧缺农产品进口；积极开展境外农业合作开发，建立规模化海外生产加工储运基地，培育有国际竞争力的农业跨国公司；拓展农业国际合作领域，支持开展多双边农业技术合作。

二、强化科技支撑，完善现代农业生产体系

现代农业生产体系是先进生产手段和生产技术的有机结合，重点解决农业的发展动力和生产效率问题，是现代农业生产力发展水平的显著标志。构建现代农业生产体系，就是要用现代物质装备武装农业，用现代科学技术服务农业，用现代生产方式改造农业，转变农业要素投入方式，推进农业发展从"拼资源、拼消耗"转到依靠科技创新和提高劳动者素质上来，提高农业资源利用率、土地产出率和劳动生产率，增强农业综合生产能力和抗风险能力，从根本上改变农业发展依靠人力畜力、"靠天吃饭"的局面。

（一）强化科技支撑，完善现代农业的科技体系

完善现代农业的科技体系，一方面，要抓好农业科技创新，要改善农业重点实验室创新条件，大幅度增加农业科研投入，加强国家基地、区域性农业科研中心创新能力建设；启动农业行业科研专项，支持农业科技项目，着力扶持对现代农业建设有重要支撑作用的技术研发；加强农业科技自主创新，加快推进农业技术成果的集成创新，加快生物育种、农机装备、绿色增产等技术攻关，推广高产优质适宜机械化品种和区域性标准化高产高效的栽培模式；发展现代种业，开展良种重大科技攻关，实施新一轮品种更新换代行动计划，建设国家级育制种基地，培育壮大育繁推一体化的种业龙头企业；推进主要作物生产全程

机械化，促进农机农艺融合。另一方面，要健全和激活基层农业技术推广网络，积极探索农业科技成果进村入户的有效机制和办法，加强基层农业技术推广体系建设，发挥农业院校在农业技术推广中的积极作用，提高基层农业科技成果的转化能力；继续支持重大农业技术推广，加强农业科技推广队伍建设，保证对农技推广队伍建设的投入，坚持国家扶持与自我发展相结合，努力提高科学技术对农业的贡献率。

（二）发展农业机械化，提高农业机械化水平

《中华人民共和国国民经济和社会发展第十三个五年规划纲要》提出，要加快推进农业机械化。农业机械化是农业现代化的重要标志，是衡量现代农业发展的重要标志。发展农业机械化，提高农业机械化水平，重点要在农业机械化的政策扶持、技术培训和标准化建设上下功夫。

1. 完善农机政策扶持体系

完善各项配套法规，抓好扶持政策的落实，依法促进、依法监管，为农机化发展营造更好的环境。

2. 加快农机服务产业化进程

建立和完善农机社会化服务体系，以主要粮食作物的生产机械化为重点，拓宽农机化服务领域，提供农机作业系列化、专业化服务，大力推进农机服务产业化。

3. 抓好农机技术培训工作

要加大对农民特别是农机化实用人才的培养培训力度，增强农民和农机大户的服务能力及直面市场的经营水平。

4. 加大农机监督管理力度

加强农业机械化标准体系建设，提高农机产品的试验鉴定和质量认证工作水平，加强对农机作业的安全监督管理，构筑农机安全宣传教育、技术检审、执法监控三大防线。

（三）利用信息技术，推进农业信息化建设

第一，加强城乡融合的信息基础设施建设，加强农业信息服务平台建设，用信息技术装备农业，健全农业信息收集和发布制度，整合涉农信息资源，推动农业信息数据收集整理规范化、标准化，推动信息技术与农业生产管理、经营管理、市场流通、资源环境等的融合。

第二，加快公用农业数据库建设，推进农业大数据应用，增强农业综合信息服务能力。

第三，大力推进"互联网+"现代农业，应用物联网、云计算、大数据、移动互联等现代信息技术，推动农业全产业链改造升级。实施农业物联网区域试验工程，推进农业物联网应用，加快发展涉农电子商务，大力发展智慧气象和农业遥感技术应用，提高农业的智能化和精准化水平。

三、发展适度规模经营，构建现代农业经营体系

现代农业经营体系，是现代农业经营主体、组织方式、服务模式的有机组合，重点是解决"谁来种地"和经营效益的问题，是现代农业组织化程度的显著标志。构建现代农业经营体系，就是要加大体制机制创新力度，培育规模化经营主体和服务主体，加快构建职业农民队伍，形成一支高素质的农业生产经营者队伍，促进不同主体之间的联合与合作，发展多种形式的适度规模经营，提高农业经营集约化、组织化、规模化、社会化、产业化水平。

（一）完善农村土地制度，发展适度规模经营

构建现代农业经营体系，就是要以发展多种形式的适度规模经营为引领，创新农业经营组织方式，构建以农户家庭经营为基础、以合作与联合为纽带、以社会化服务为支撑的现代农业经营体系，提高农业综合效益。

1. 完善农村土地制度

完善农村土地制度的重点是巩固和完善农村基本经营制度，深化农村土地制度改革，完善承包地所有权、承包权、经营权"三权"分置制度，依法推进土地经营权的有序流转，通过代耕代种、联耕联种、土地托管、股份合作等方式，推动实现多种形式的农业适度规模经营。

2. 完善农村基本经营制度

进一步推进农村土地承包经营权确权登记颁证，完善土地所有权、承包权、经营权分置办法，强化土地承包经营权纠纷调解仲裁，发展土地流转、土地托管、土地入股等多种形式的适度规模经营。

（二）完善政策体系，培育新型经营主体

其重点是发展多种形式的适度规模经营，培育壮大专业大户、家庭农场、农民合作社、农业企业等新型经营主体，推动家庭经营、集体经营、合作经营、企业经营共同发展。要健全有利于新型农业经营主体成长的政策体系，在财政、金融、保险、用地等方面加大扶持和引导力度，扶持发展种养大户和家庭农场，引导和促进农民合作社的规范发展，培育壮大农业产业化龙头企业；鼓励和支持工商资本投资现代农业，促进农商联盟等新型经营模式发展；建立新型农业经营主体生产经营直报信息系统，加快建设农业信贷担保服务体系，优先支持新型经营主体发展适度规模经营；支持农民通过股份制、股份合作制等多种形式参与规模化、产业化经营，使农民获得更多增值收益。

（三）加强培训，培养新型职业农民

构建现代农业经营体系，必须大力培养新型职业农民，打造高素质现代农业生产经营者队伍。发展现代农业，培养有文化、懂技术、会经营的新型农民。要大力实施新型职业

农民培育工程，把返乡农民工纳入新型职业农民培训范围，探索开展政府购买农民工创业培训公益性服务试点，引导返乡农民工和大学生到农村创业，发展现代农业，成为"新农民"；要建立与现代农业相适应的技术培训和职业教育体系，调动大学、科研院所等机构的积极性，鼓励面向农业的各种科研机构、高校、非政府组织、民办教育等教育机构服务于农村教育，提供面向现代农业的多层次职业教育，多形式地解决农村劳动力产业技能的形成；要通过多种渠道、形式的培训，重塑农民的商品理念、竞争理念和效益理念，形成现代农业经营意识，培养新型农民，提高农产品的竞争力。

四、突出社会化，健全农业社会化服务体系

在新的时期，突出社会化，健全覆盖全程、综合配套、便捷高效的农业社会化服务体系，是实现农业现代化的重要支撑。提供社会化服务，可以有效地把各种现代生产要素注入农业生产中，不断提高农业的物质技术装备水平，推进农业生产专业化、商品化和社会化。

（一）实施农业社会化服务支撑工程，培育壮大经营性服务组织

农业社会化服务体系是以公共服务机构为依托、合作经济组织为基础、龙头企业为骨干、其他社会力量为补充，公益性服务和经营性服务相结合、专项服务和综合服务相协调，为农业生产提供产前、产中、产后全过程综合配套服务的体系。因此，首先，要加快培育现代农业服务组织。要根据农业生产全过程的不同需要和专业特点来培育现代农业服务组织，积极发展病虫害统防统治、测土配方施肥、农机承包作业、养殖业粪污专业化处理等服务，支持开展粮食烘干、农机场库棚、仓储物流等配套设施服务，鼓励发展"家庭农场＋社会化服务"的经营模式，通过服务规模化带动生产规模化。其次，要处理好公益性和经营性的关系。要完善相关政策，激励和支持科研机构、行业协会、龙头企业和具有资质的经营性服务组织从事农业公益性服务，支持多种类型的新型农业服务主体开展专业化、规模化服务。

（二）创新服务机制，拓展农业社会化服务形式

健全农业社会化服务体系，要创新服务机制，拓展农业社会化服务形式，促进社会化服务从农业生产单个环节向全程生产服务转变，从小规模分散服务向大规模整建制服务转变，从资源消耗型生产方式向集约型现代农业生产方式转变，推进农业全程机械化、规模化、集约化发展，改善农业生态环境，提高农业生产效率，增强农业的综合生产能力。因此，创新农业社会化服务机制，拓展农业社会化服务形式，要推进农业生产全程社会化服务创新试点，加强试点政策实施的业务指导、绩效评价和监督管理，确保试点工作的执行落实；要积极探索农业生产全程社会化服务的有效模式，根据环境容量优化生产布局，进一步提高标准化规模生产水平；要大力营造推进农业生产全程社会化服务的良好环境，积极推广合作式、托管式、订单式等服务形式，鼓励引导广大农民和各类组织积极参与农业社会化服务。

（三）加强流通设施建设，实现农产品的新型流通

1.加强农产品流通设施和市场建设，完善农村配送和综合服务网络

要采取优惠财税措施，支持农村流通基础设施建设和物流企业发展，加快建设一批设施先进、功能完善、交易规范的鲜活农产品批发市场，健全统一开放、布局合理、竞争有序的现代农产品市场体系；加快农产品批发市场的升级改造，完善流通骨干网络，加强粮食等重要农产品仓储物流设施建设；完善跨区域农产品冷链物流体系，开展冷链标准化示范工作，实施特色农产品产区预冷工程；推动公益性农产品市场建设，支持农产品营销公共服务平台建设，开展降低农产品物流成本行动，在流通中促进农民增收。

2.发展农村电子商务，实现农产品新型流通

鼓励发展农村电子商务，实施"快递下乡"工程，深化供销合作社综合改革。尤其是要促进农村电子商务加快发展，形成线上线下融合、农产品进城与农资和消费品下乡双向流通格局。要加快实现村镇宽带全覆盖，创新电信普遍服务补偿机制，推进农村互联网提速降费；加强商贸流通、供销、邮政等系统物流服务网络和设施的建设与衔接，加快完善县乡村物流体系，实施"快递下乡"工程；鼓励大型电子商务平台企业开展农村电子商务服务，支持地方健全农村电子商务服务体系，建立健全适应农村电子商务发展的农产品质量分级、采后处理、包装配送等标准体系，深入开展电子商务进农村综合示范试点，加大信息进村入户试点的建设力度。

五、增加投入，完善农业支持保护制度

完善农业支持保护制度，就是要以保障主要农产品供给、促进农民增收、实现农业可持续发展为重点，完善强农惠农富农政策，提高农业支持保护效能。其主要体现在持续增加农业投入、完善农产品价格和收储制度、创新农村金融服务三个方面。

（一）强化农业基础，持续增加农业投入

增加投入是现代农业发展的物质保证，是强化农业基础的迫切需要。因此，必须不断开辟新的农业投入渠道，逐步形成农民积极筹资投劳、政府持续加大投入、社会力量广泛参与的多元化投入机制。

1.建立农业农村投入稳定增长机制

要积极调整财政支出结构、固定资产投资结构和信贷投放结构，中央和县级以上地方财政每年对农业总投入的增长幅度应当高于其财政经常性收入的增长幅度，尽快形成现代农业建设的稳定资金来源。

2.优化财政支农支出结构

创新涉农资金投入方式和运行机制，推进整合统筹，提高农业补贴政策效能。加大支农资金整合力度，抓紧建立支农投资规划、计划衔接和部门信息沟通工作机制，完善投入管理办法，集中用于重点地区、重点项目，提高支农资金使用效益。要注重发挥政府资金

的带动作用，引导农民和社会各方面资金投入现代农业建设。

3.完善补贴制度

近几年实行的各项补贴政策，深受广大农民的欢迎，要不断巩固、完善和加强，逐步形成目标清晰、受益直接、类型多样、操作简便的农业补贴制度。要逐步扩大"绿箱"补贴的规模和范围，调整改进"黄箱"政策；建立耕地保护补偿制度，将农作物良种补贴、种粮农民直接补贴和农资综合补贴"三项补贴"合并为农业支持保护补贴，完善农机具购置补贴政策，向种粮农民、新型经营主体、主产区倾斜。

（二）加强粮食收储供应安全保障，完善农产品价格和收储制度

1.深入推进农业供给侧结构性改革

重点围绕市场需求来进行生产，优化农业资源的配置，扩大农产品的有效供给，增强供给结构的适应性和灵活性。要坚持市场化改革取向和保护农民利益并重，综合考虑农民合理收益、财政承受能力、产业链协调发展等因素，完善农产品市场调控制度和市场体系。

2.探索开展农产品目标价格保险试点

按照市场定价、价补分离的原则，继续实施并完善稻谷、小麦最低收购价政策，深化棉花、大豆目标价格的改革；积极稳妥地推进玉米价格形成机制和收储制度改革，建立玉米生产者补贴制度。

3.实施粮食收储供应安全保障工程

实施此工程要科学确定粮食等重要农产品的储备规模，改革完善粮食储备管理体制和吞吐调节机制，引导流通、加工企业等多元化市场主体参与农产品收储，推进智慧粮库建设和节粮减损。

（三）创新农村金融服务，建立农业风险防范机制

加快制定农村金融整体改革方案，努力形成商业金融、合作金融、政策性金融和小额贷款组织互为补充、功能齐备的农村金融服务体系。首先，发挥各类金融机构支农作用，发展农村普惠金融。完善开发性金融、政策性金融支持农业发展和农村基础设施建设的制度；推进农村信用社改革，增强省级联社服务功能；积极发展村镇银行等多形式农村金融机构，稳妥开展农民合作社内部资金互助试点；建立健全农业政策性信贷担保体系。其次，建立农业风险防范机制。加强自然灾害和重大动植物病虫害预测预报和预警应急体系建设，提高农业防灾减灾能力；完善农业保险制度，按照政府引导、政策支持、市场运作、农民自愿的原则，建立完善的农业保险体系；稳步扩大"保险＋期货"试点，扩大保险覆盖面，提高其保障水平；完善农业保险大灾风险分散机制，探索建立中央、地方财政支持的农业再保险体系，鼓励龙头企业、中介组织帮助农户参加农业保险。

第三章 助推产业发展，夯实乡村全面振兴的基础

第一节 乡村产业振兴的发展潜力与重点任务

自改革开放以来，我国乡村产业发展迅猛。进入新时代，我国乡村产业振兴的前景广阔。当前，我国乡村产业振兴的重点任务是保障农产品的有效供给、保持生态涵养、带动农民就业增收、促进城乡融合发展。

一、乡村产业振兴的发展潜力

我国在乡村产业发展上进行了长期的不懈探索，从计划经济时期崭露头角的社队企业，到 20 世纪 80 年代异军突起的乡镇企业，再到 20 世纪 90 年代快速发展的农业产业化经营，这些探索和实践在特定历史阶段都发挥了重要的作用，为国民经济和社会的快速发展做出了历史性的贡献。与此同时，在发展的过程中也不同程度地面临着一系列问题，表现虽各有差异，本质上则是深层次的体制机制矛盾。外部矛盾在于工农城乡发展不平衡，资源要素交换不平等，农业农村难以获得平等的发展机会；内部矛盾在于乡村发展环境有待改善，农村产权制度不完善、经营机制不灵活、资源优势难体现、集聚效应难形成。

近年来，随着城乡一体化进程的加快推进，强农惠农政策力度不断加大，农村基础设施和公共服务逐步得到改善，大众消费需求提档升级，乡村产业发展又焕发了新的生机活力。农业的基础性地位得到进一步巩固，粮食产量稳上 1.2 万亿斤的台阶，重要农产品供应充足，农业劳动生产率年均增幅超过 10%。各类农村新产业新业态呈现方兴未艾之势，2017 年，规模以上农产品加工业主营业务收入达到 21 万亿元，休闲农业和乡村旅游营业收入达到 6200 亿元，农村电商实现营业额为 1.25 万亿元，返乡下乡"双创"人员达到 740 多万人。此外，农业生产性服务业产值超过 2000 亿元。传统产业加快转型升级、新产业新业态加速培育壮大，大大激发了农业农村经济的发展活力，改善了乡村产业发展的内外部环境，为农业农村现代化发展提供了持续稳定的新动能。

乡村产业有着广阔的发展空间，蕴藏着推动农村经济社会发生深刻变化的巨大潜力。

实现中国特色乡村产业振兴，就是要围绕全面建成小康社会的目标和"四化同步"的发展要求，立足我国基本国情农情和农村经济比较优势，以保障农产品供给、提高农民生活水平、实现乡村振兴为目标，以全面提高乡村人口承载力、产业竞争力和可持续发展能力为方向，以现代农业产业体系、生产体系、经营体系为支撑，以农村第一、二、三产业融合为纽带，强化改革驱动，突出双创引领，大力发展新产业新业态，构建产业门类合理布局、资源要素有效集聚、创新能力稳步提升、内生动力充分激发、综合效益明显提高的产业体系，形成与城镇产业科学分工、优势互补、结构优化、合作发展，富有中国特色的乡村产业发展新格局。

中国特色乡村产业的内涵十分丰富，在发展中要把握好四条原则。一是坚持以农为本，这是乡村产业发展的基本前提。乡村产业发展必须扎根于农村、立足于农业、服务于农民，充分利用农村特有的资源优势、人文条件、生态风光，将农村作为长期发展的坚实基础。二是坚持协调带动，这是乡村产业发展的本质要求。要把产业发展落实到促进农民增收、农村繁荣上来，在保持乡村生态环境、乡土风情、公序良俗的基础上，走生产发展、生活富裕、生态良好的发展道路。三是坚持融合发展，这是乡村产业发展的必要途径。要进一步延长产业链条，拓展产业空间，促进农村第一、二、三产业的交叉融合，发展新产业、新业态、新模式，孕育乡村发展的新动能。四是坚持充满活力，这是乡村产业发展的衡量指标。产业发展得好或不好，关键是看产业是否具有活力。要不断培育新型经营主体，深入推进创业创新，引领乡村产业参与市场竞争，塑造核心优势，实现可持续发展。

二、乡村产业振兴的重点任务

乡村产业振兴任务艰巨，不同产业的功能定位不尽相同，要准确把握发展目标和方向，突出四个重点任务。

（一）保障农产品的有效供给

保障国家粮食和重要农产品的供给安全，是乡村产业发展的第一要义。要巩固提升粮食等重要大宗农产品的生产能力，确保国家粮食安全。调整优化农业结构，推进农业由增产导向转向提质导向，立足农村资源禀赋优势，大力发展农产品加工业、休闲农业、乡村旅游、劳动密集型加工制造业、生产性和生活性服务业，提高农业供给体系的质量与效率，满足居民日益增长的绿色优质物质产品和生态文化等精神产品需求。

（二）保持生态涵养

保持生态涵养要坚持绿色发展理念，大力推行绿色生产生活方式，统筹山水田林湖草系统治理。强化政府与市场主体的生态环境保护责任，加强对可能产生污染的重点领域、重点产业的监管，强化产业内部重点环节环境风险管控，应用先进适用的环保技术设备，尽可能地降低对环境的负外部性。发挥乡村生态优势，大力发展乡村绿色生态环保产业，加强乡村资源回收利用和污染治理，将"绿水青山"打造成"金山银山"。

（三）带动农民就业增收

带动农民就业增收要以人民为中心，把产业发展落到促进农民增收上来，全力以赴地消除农村贫困，推动乡村生活富裕。继续推进城镇化进程，通过减少农民来富裕农民，促使农村人口和劳动力向城市转移定居。但是这个过程是相对缓慢和持续的，即便是城镇化率达到发达国家水平，我国仍有数以亿计的人口留在农村，他们的生产、生活都需要产业作支撑。乡村产业发展必须担负起创造稳定乡村就业的功能，实现农民更高质量就业，密切与农民的利益联结，促进农民收入持续快速增长。应大力发展乡村非农产业，充分发挥其带动就业、促进就业方面的显著作用。

（四）促进城乡融合发展

促进城乡融合发展要立足城乡的不同资源禀赋优势，通过产业错位布局、协同配合，整合城乡各类生产要素，实现城乡融合发展。一方面，要加强城乡产业之间的衔接和配套，将城市产业的部分配套产业如原材料生产和初加工等放在乡村，乡村产业的部分配套产业如产品设计、终端销售和配送等放在城市，充分发挥城乡比较优势，产业各个环节优化布局，实现互促共进双赢。另一方面，要加快引导城市的先进生产要素如人才、资金、技术、管理、信息等进入乡村产业，提升乡村产业的发展能力与水平，开辟更广阔的空间，通过产业发展一体化，有效缩小城乡差距。要高度重视我国乡村产业层次较低、资源利用较为粗放、对人才资金技术等要素的吸引力不强、经济效益相对低下等发展质量问题。当前和今后的一个时期，要以推动乡村产业高质量发展为主线，进一步明确和细化乡村产业发展的战略目标。着眼于增强产业实力，加强龙头带动，培育规模以上工业企业和农业产业化龙头企业，提升产业竞争力；加快推进提质增效，提高单位面积经济密度、资源利用率、劳动生产率；优化产业结构，提高主导产业产值比重，增强就业增收带动能力。着眼于增强产业内生动力方面，强化体制机制创新，引进乡村外部人才、资本和管理理念，建立合理的利益联结机制；加快新产品的开发和新技术新模式的应用，多渠道开拓市场，多元化培育新产业新业态，促进产品服务价值的实现；注重科技创新、扩大研发支出规模，提高全要素生产率。着眼于增强产业可持续发展能力，倡导绿色发展理念，注重节约资源、保护环境、造福社会、和谐发展，降低单位产出能源资源消耗，增加环境保护投入，降低污染物排放水平，实现污染物达标排放，鼓励发展清洁生产，加强废弃物处理和资源化利用，不断提高生态效益和社会效益。

第二节 完善乡村产业振兴的支持政策及具体举措

乡村产业振兴要发挥好政府和市场两方面的作用。政府层面要抓紧制订乡村产业振兴计划，编制重点发展的基础产业目录、重点支持的经营业态目录、重点建设的产业体系目录，建立产业效率评估体系。市场层面要大力消除阻碍资源要素自由流动平等交换的体制机制性障碍，激活要素活力、市场活力、主体活力。

一、完善乡村产业振兴的支持政策

（一）推进城乡要素分配均等化、公共服务供给一体化

全面落实城乡统一、重在农村的基础设施建设保障机制，完善农村水电路气房网等基础设施。将农业农村作为财政支出的优先保障领域，中央预算内投资继续向农业农村倾斜，优化投入结构，创新使用方式，提升支农效能；加大各级财政对主要粮食作物保险的保费补贴力度，建立对地方优势特色农产品的保险补贴政策。引导资金流向农业农村，全面落实农村金融机构存款主要用于农业农村发展的考核约束机制，实施差别化货币政策，健全覆盖市、县的农业信贷担保体系，改革抵押物担保制度，完善抵押物处置机制，扩大涉农贷款规模，撬动金融资源和社会资本注入农业农村。对城市资本、人才、技术等要素下乡兴业制定优惠政策，引导外部要素向农村流动。

（二）继续深化农村重点领域改革

通过改革，创新乡村产业振兴制度供给，优化资源要素配置方式。深化农村土地制度改革，落实第二轮土地承包到期后再延长 30 年政策，在基本完成承包地确权登记颁证的基础上强化确权成果应用，完善农村土地"三权分置"制度，加快培育新型经营主体发展多种形式的适度规模经营。加快推进农村"三块地"改革，完善新增建设用地保障机制，将年度新增建设用地计划指标确定一定比例用于支持农村新产业新业态发展，抓紧完善农民闲置宅基地和闲置农房政策，探索宅基地所有权、资格权、使用权"三权分置"的制度，允许通过村庄整治、宅基地整理等节约的建设用地采取入股、联营等方式，重点支持乡村休闲旅游等产业和农村第一、二、三产业融合发展。深化农村集体产权制度改革，全面开展清产核资、集体经济组织成员身份确认、股权量化等工作，研究赋予农村集体经济组织特别法人资格的办法。培育壮大农村集体经济，稳妥开展资源变资本、资金变股金、农民变股东、自然人农业变法人农业的改革，打造服务集体成员、促进普惠均等的农村集体经济组织。推进农业农村管理体制改革，严格落实各级党委抓农村基层党建工作责任制，发挥县级党委"一线指挥部"的作用，实现整乡推进、整县提升。深化农村社区建设试点工

作，完善多元共治的农村社区治理结构。深化农村精神文明建设，提高农民的文明素质和农村的社会文明程度。构建农业生产投入一体设计，农村第一、二、三产业统一管理，农业国内国际"两种资源、两个市场"统筹调控的大农业管理格局。

（三）打造多元化、特色化的乡村产业融合发展格局

发展特色乡村产业，发挥区域特色与优势，打造一大批优质专用、特色明显、附加值高的主导产品，做大做强区域公用品牌；围绕有基础、有特色、有潜力的产业，创建一批带动农民能力强的现代农业产业园，建立农民充分分享二、三产业增值收益的体制机制；壮大新产业新业态，大力发展乡村休闲农业、乡村旅游、森林康养等多元化乡村产业，推进农业、林业与旅游、文化、康养等产业深度融合；加快发展农村电商，加快建立健全适应农产品电商发展的标准体系，支持农产品电商平台和乡村电商服务站点的建设，发展电商产业园；加快发展现代食品产业，在优势农产品产地打造食品加工产业集群，积极推进传统主食工业化、规模化生产；完善小农户发展政策和机制体系，持续推进农业保险扩面、增品、提标等工作，探索开展价格保险、收入保险试点，推广"保险＋期货"模式；支持农户与新型经营主体通过订单农业、股份合作等形式建立紧密的利益联结机制，让处于产业链低端的小农户也能分享财政支农的政策红利、参与全产业链和价值链的利益分配。

二、推进乡村产业振兴的具体举措

（一）优化涉农企业家成长发育的环境，鼓励新型农业经营（服务）主体等成为农业农村延伸产业链、打造供应链、提升价值链、完善利益链的中坚力量

推进乡村产业振兴，必须注意发挥涉农企业家的骨干甚至"领头雁"的作用。离开了企业家的积极参与，推进乡村产业振兴就如同汽车失去了引擎。加快构建现代农业产业体系、生产体系、经营体系，推进农村第一、二、三产业的融合发展，提高农业创新力、竞争力和全要素生产率，新型农业经营主体、新型农业服务主体的作用举足轻重。他们往往是推进质量兴农、绿色兴农、品牌兴农、服务兴农的生力军，也是带动农业延伸产业链、打造供应链、提升价值链的"拓荒者"或"先锋官"。发展多种形式的农业适度规模经营，离不开新型农业经营主体、新型农业服务主体的积极作用和支撑带动。这些新型农业经营主体、新型农业服务主体带头人，往往是富有开拓创新精神的涉农企业家。各类投资农业农村产业发展的城市企业、工商资本带头人，往往资金实力强、发展理念先进，也有广阔的市场和人脉资源。他们作为企业家，不仅可以为发展现代农业、推进农业农村产业多元化和综合化发展带来新的领军人才和发展要素，还可以为创新农业农村产业的发展理念、组织方式和业态、模式，为拓展和提升农业农村产业的市场空间、促进城乡产业有效分工协作提供更多的"领头雁"，更好地带动农业农村延伸产业链、打造供应链、提升价值链。推进乡村产业兴旺，为许多乡村新产业、新业态、新模式的成长带来了"黄金机遇期"，也为城市企业、工商资本参与乡村振兴提供了可以发挥比较优势、增强竞争优势的新路径。

例如，在发展农业生产性服务业和乡村旅游业方面，城市企业、工商资本具有较强的比较优势。

支持各类企业家在推进乡村产业振兴中建功立业，关键是优化其成长发育的环境，帮助其降低创新创业或推进产业兴旺的门槛、成本和风险。要结合农业支持政策的转型，加强对新型农业经营主体、新型农业服务主体的倾斜性和制度化支持，引导其将提高创新力、竞争力、全要素生产率和增强对小农户发展现代农业的带动作用有机结合起来。要结合构建农村第一、二、三产业融合发展体系和加快发展农业生产性服务业，鼓励专业大户、家庭农场、农民合作社、农业产业化龙头企业等新型农业经营主体或农业企业、农资企业、农产品加工企业向新型农业服务主体或农村产业融合主体转型，或转型成长为农业生产性服务综合集成商、农业供应链问题解决方案提供商，带动其增强资源整合、要素集成、市场拓展提升能力，进而提升创新力和竞争力，成为推进乡村产业兴旺的领军企业或中坚力量。结合并支持这些转型，引导传统农民、乡土人才向新型职业农民转型，鼓励城市人才或企业家"下乡"转型为新型职业农民或农业农村产业领域的企业家。

要结合支持上述转型，鼓励企业家和各类新型经营主体、新型服务主体、新型融合主体等在完善农业农村产业利益链中发挥骨干带动作用。通过鼓励建立健全"领军型经营（服务）主体—普通经营（服务）主体—普通农户"之间，以及农业农村专业化、市场化服务组织与普通农户之间的利益联结和传导机制，增强企业家或新型经营主体、新型服务主体、新型融合主体对小农户增收和参与农业农村产业发展的辐射带动力，更好地支持小农户增强参与推进乡村产业兴旺的能力和机会。近年来，各地蓬勃发展的各类复合型农村产业融合组织，如发源于安徽宿州的农业产业化联合体、发源于四川崇州的农业共营制、发源于浙江的现代农业综合体，以及2017年中央一号文件要求大力推广的"生产基地＋中央厨房＋餐饮门店""生产基地＋加工企业＋商超销售"等产销模式在此方面进行了积极的探索。部分高效生态循环的种养模式，部分"互联网＋""旅游＋""生态＋"模式，也在让农民特别是小农户合理分享全产业链增值收益和带动农民提升发展能力的方面进行了积极尝试。要注意引导其相互借鉴和提升，完善有利于农户特别是小农户增收提能的利益联结机制。

（二）引导督促城乡之间、区域之间完善分工协作关系，科学选择推进乡村产业振兴的重点

发展现代农业是推进乡村产业振兴的重点之一，但如果说推进乡村产业振兴的重点只是发展现代农业，可能有些绝对。至少在今后相当长的时期内，就总体和多数地区而言，推进乡村产业振兴要着力解决农村经济结构农业化、农业结构单一化等问题，通过发展对农民就业增收具有较强吸纳、带动能力的乡村优势特色产业和企业，特别是小微企业，丰富农业农村经济的内涵，提升农业农村经济多元化、综合化发展水平和乡村的经济价值，带动乡村引人才、聚人气、提影响，增加对城市人才、资本等要素"下乡"参与乡村振兴

的吸引力。因此，推进乡村产业振兴，应该采取发展现代农业和推进农业农村经济多元化、综合化"双轮驱动"的方针，二者都应是推进乡村振兴战略的重点。当然，发展现代农业既要注意夯实粮食安全的根基，也要注意按照推进农业结构战略性调整的要求，将积极推进农业结构多元化与大力发展特色农业有效结合起来。

推进农业农村经济多元化、综合化，既要注意引导农村第一、二、三产业融合发展，鼓励农业农村经济专业化、特色化发展；也要注意引导城市企业、资本和要素下乡积极参与，发挥城市产业对乡村产业高质量发展的引领辐射带动作用。但哪些产业或企业适合布局在城市，哪些产业或企业适合布局在乡村或城郊地区，实际上是个区位优化选择和经济合理性问题。如果不加区分地推进城市企业进农村，不仅有悖于工业化、城镇化的发展规律，也不利于获得集聚经济、规模经济和网络经济效应，影响乡村经济乃至城乡经济的高质量发展。按照推进乡村振兴和区域经济高质量发展的要求，适宜"下乡"的企业应具有较强的乡村亲和性，能与农业发展有效融合、乡村或农户利益有效联结，有利于带动农业延伸产业链、打造供应链、提升价值链；或在乡村具有较强的发展适宜性、比较优势或竞争力，甚至能在城乡之间有效形成分工协作、错位发展态势。如乡村旅游业、乡村商贸流通业、乡村能源产业、乡村健康养生和休闲娱乐产业、农特产品加工业、乡土工艺品产销等乡村文化创意产业、农业生产性服务业和乡村生活性服务业，甚至富有特色和竞争力的乡村教育培训业等。当然，不同类型地区由于人口特征、资源禀赋、区位条件和发展状况、发展阶段的不同，适宜在乡村发展的产业也有较大区别。

需要注意的是，推进农业农村产业多元化、综合化发展，与推进农业农村产业专业化、特色化并不矛盾。多元化和综合化适用于宏观层面和微观层面，专业化和特色化主要是就微观层面而言的，宏观层面的多元化和综合化可以建立在微观层面专业化、特色化的坚实基础之上。通过推进农业农村产业多元化、综合化、专业化和特色化发展，带动城乡各自"回归本我、提升自我"，形成城乡特色鲜明、分工有序、优势互补、和而不同的发展格局。

2018年中央一号文件提出，要"大力发展文化、科技、旅游、生态等乡村特色产业，振兴传统工艺。培育一批家庭工厂、手工作坊、乡村车间，鼓励在乡村地区兴办环境友好型企业"。依托这些产业推进农业农村经济多元化、综合化，既容易形成比较优势和竞争力，也容易带动农民就业创业和增收。有些乡村产业的发展，不仅可以促进农业农村经济多元化、综合化、专业化和特色化发展，还可以为"以工促农""以城带乡"提供新的渠道，应在支持其发展的同时，鼓励城市产业更好地发挥对乡村关联产业发展的引领带动作用，如鼓励城市服务业、引领带动农业生产性服务业和乡村生活性服务业的发展。当今世界，加强对农产品"地产地销"的支持已经成为国际趋势。这是按照以工促农、以城带乡、城乡融合、互补共促方向构建新型工农城乡关系的重要路径。但有些城市产业"下乡"进农村可能遭遇"水土不服"，导致发展质量、效益、竞争力下降，不应提倡或鼓励。至于有些产业"下乡"，容易破坏农村资源环境和文化、生态，影响可持续发展。依托这些产业的城市企业"下乡"，不仅不应鼓励，还应通过乡村产业准入负面清单等，形成有效的"屏蔽"机制，防止其导致乡村价值的贬损。

我国各地乡村资源禀赋各异，发展状况和发展需求有别。随着工业化、信息化、城镇化和农业现代化的推进，各地乡村发展和分化走势也有较大不同。在此背景下，推进乡村产业兴旺也应因地制宜、分类施策，在不同类型地区之间形成各具特色和优势、分工协作、错位发展的格局。

（三）加强支撑乡村产业振兴的载体和平台建设，引导其成为推进乡村产业振兴发展甚至成为乡村振兴的重要节点

近年来，在我国农业农村政策中，各种产业发展的载体和平台建设日益引起重视。如作为产业发展区域载体的粮食生产功能区、重要农产品生产保护区、特色农产品优势区、现代农业产业园、农村产业融合发展示范园、农业科技园区、电商产业园、返乡创业园、特色小镇或田园综合体、涉农科技创新或示范推广基地、创业孵化基地，作为产业组织载体的新型农业经营主体、新型农业服务主体、现代农业科技创新中心、农业科技创新联盟和近年来迅速崛起的农业产业化联合体、农业共营制、现代农业综合体等复合型组织，以及农产品销售公共服务平台、创客服务平台、农特产品电商平台、涉农科研推广和服务平台、为农综合服务平台，以及全程可追溯、互联共享的追溯监管综合服务平台等。这些产业发展的载体或平台往往瞄准了影响乡村产业振兴的关键环节、重点领域和瓶颈制约，整合资源、集成要素、激活市场，甚至组团式"批量"对接中高端市场，实现农业农村产业的连片性、集群化、产业链一体化开发，集中体现现代产业发展理念和组织方式，有效健全产业之间的资源、要素和市场联系，是推进农业质量变革、效率变革和动力变革的先行者，也是推进农业农村产业多元化、综合化发展的示范者。以这些平台或载体建设为基础推进产业振兴，不仅有利于坚持农业农村优先发展和城乡融合发展，还可以为推进乡村产业振兴和乡村振兴的高质量发展提供重要节点，为深化相关体制机制改革提供试点试验和示范窗口，有利于强化城乡之间、区域之间、不同类型产业组织之间的联动协同发展机制。

前述部分载体和平台的建设与运营，对于推进产业振兴甚至乡村振兴的作用，可以说是画龙点睛的。如许多地方立足资源优势推进产业开发，到一定程度后，公共营销平台、科技服务平台等建设往往成为影响产业振兴的瓶颈制约，增加的产品供给能在多大程度上转化为有效供给，对于产业发展的质量、效益和竞争力往往具有关键性的影响。如果公共营销平台或科技服务平台建设跟不上，立足于资源优势推进产业开发的过程，就很容易转化为增加无效供给甚至"劳民伤财"的过程，不仅难以借此实现推进产业振兴的初衷，还可能形成严重的资源浪费、生态破坏和经济损失。在此背景下，加强相关公共营销平台或科技服务平台建设，就成为推进乡村产业振兴的"点睛之笔"。对相关公共营销平台或科技服务平台建设，通过财政金融甚至政府购买公共服务等措施加强支持，往往可以得到"四两拨千斤"的效果。

（四）以推进供给侧结构性改革为主线，推进农业农村产业体系、生产体系和经营体系建设

推进供给侧结构性改革，其实质是用改革的办法解决供给侧的结构性问题，借此提高供给体系的质量、效率和竞争力；其手段是通过深化体制机制改革和政策创新，增加有效供给和中高端供给，减少无效供给和低端供给；其目标是增强供给体系对需求体系和需求结构变化的动态适应性和灵活性。当然，这里的有效供给包括公共产品和公共服务的供给。如前所述，推进乡村产业兴旺，应该坚持发展现代农业和推进农业农村经济多元化、综合化"双轮驱动"的方针。鉴于我国农业发展的主要矛盾早已由总量不足转变为结构性矛盾，突出表现为阶段性供过于求和供给不足并存，并且矛盾的主要方面在供给侧；在发展现代农业、推进农业现代化的过程中，要以推进农业供给侧结构性改革为主线，这是毫无疑问的。2017年中央一号文件和近年来的许多研究文献都已反复强调这一点。2018年中央一号文件也就"提升农业发展质量，培育乡村发展新动能"进行了重要的决策部署，进一步强调"以农业供给侧结构性改革为主线，加快构建现代农业产业体系、生产体系、经营体系，提高农业创新力、竞争力和全要素生产率，加快实现由农业大国向农业强国转变"。

加快构建现代农业产业体系、生产体系、经营体系，在推进农业供给侧结构性改革中占据着重要地位。鉴于近年来相关研究文献较多，本书对此不再赘述，只强调积极发展农业生产性服务业和涉农装备产业的重要性与紧迫性。需要指出的是，农业生产性服务业是现代农业产业体系日益重要的组成部分，是将现代产业发展理念、组织方式和科技、人才、资本等要素植入现代农业的通道，也是增强新型农业经营（服务）主体进而增强农业创新力、竞争力的重要途径，对于推进农业高质量发展、实现服务兴农具有重要的战略意义。根据世界银行WDI数据库的数据计算，当前我国农业劳动生产率不及美、日等发达国家的3%，与发达国家差距较大。其原因固然很多，但我国农业装备制造业欠发达难辞其咎，这成为制约我国提升农业质量、效率和竞争力的瓶颈约束。实施质量兴农、绿色兴农甚至品牌兴农战略，必须把推进涉农装备制造业的发展和现代化放在突出地位。无论是在农业生产领域还是在农业产业链，情况都是如此。

当前，许多国内处于行业领先地位的农产品加工企业的设备是从国外引进且国际一流的，但国内缺乏国际一流的设备加工制造和配套服务能力。这就很容易导致国内农产品加工企业的加工设备虽然在引进时居国际一流水平，但很快就沦为国际二流甚至三流水平。可见，农业装备水平的提高和结构升级，是提升农业产业链质量、效率和竞争力的底蕴所在，也是增强农业创新力的重要依托。随着农产品消费需求的升级，农产品和食品消费日益呈现个性化、多样化、绿色化、品牌化、体验化的趋势，但在我国农业产业链，许多农业装备仍处于以"傻、大、黑、粗"为主的状态，难以满足推进农产品和食品消费个性化、多样化、绿色化、品牌化、体验化的需求，制约农产品和食品市场竞争力和用户体验的提升。近年来，我国部分涉农装备制造企业积极推进现代化改造和发展方式转变，推进智能

化、集约化、科技化发展，成为从餐桌到田间的产业链问题解决方案供应商，也是推进质量兴农、绿色兴农的"领头羊"，对于完善农业发展的宏观调控、农业供应链和食品安全治理也发挥了重要作用。要按照增强农业创新力和竞争力的要求，加大引导支持力度。实际上，农业装备制造业的发展和转型升级滞后，不仅影响了农业质量、效率和竞争力的提升，在许多行业也已经成为影响可持续发展的紧迫问题。如随着农业劳动力成本的提升和农产品价格波动问题的加剧，部分水果、蔬菜，特别是核桃、茶叶等山地特色农业的发展越来越多地遭遇"采收无人""无人愿收"的困扰。广西等地的经验表明，特色农机的研发制造和推广，对于发展特色农业往往具有画龙点睛的作用。推进农业农村经济多元化、综合化主要是发展问题，但在此发展过程中也要注意按照推进供给侧结构性改革的方向，把握增加有效供给、减少无效供给和增强供给体系对需求体系动态适应、灵活反应能力的要求，创新相关体制机制和政策保障，防止"一哄而上""一哄而散"和大起大落的问题。要注意尊重不同产业的自身特性和发展要求，引导乡村优势特色产业适度集聚集群集约发展，并向小城镇、产业园区、中心村、中心镇适度集中；或依托资源优势、交通优势和邻近城市的区位优势，实现连片组团发展，提升发展质量、效率和竞争力，夯实其在推进乡村产业兴旺中的节点功能。

第三节 乡村产业振兴的调研分析

为深入揭示产业振兴实践探索情况，课题组于 2018 年 6—7 月期间对黄冈市所属 10 个县市区（黄州区、团风县、浠水县、蕲春县、罗田县、英山县、麻城市、红安县、武穴市、黄梅县）"能人"返乡创业展开调研，每个县（市、区）分别随机抽取 20 个返乡创业"能人"作为调查对象，调查采取发放问卷、个别与小组访谈、实地参观考察等形式。其中发放问卷 200 份，回收问卷 196 份，有效问卷 196 份，有效问卷率 98%。在此基础上，形成调研报告。

一、乡村产业振兴的带动效应

（一）发展现代种养业

依托当地资源优势，"能人"回乡发展种养殖业主要集中在中药材、油茶、蔬菜、园艺、畜禽、水产等特色产业上，采取"基地＋农户""合作社＋农户"等多种模式，带动贫困人口脱贫增收。罗田县九资河镇罗家畈村"能人"方永贵投资 1300 万元成立神草农业科技有限公司，建成大型稀有中药材繁育种植基地，流转土地 1 万亩，规模化种植白芨、七叶一枝花等名贵中药材，带动 600 户贫困户就业增收。

（二）发展农产品加工业

黄冈是农业大市，但不是农业强市，根本原因是农产品加工业滞后。为此，市委、市政府制定相应政策文件（黄政办发〔2018〕12号）鼓励"能人"大力发展农产品加工业，对"能人"回乡发展农产品加工业的，当年新认定的省级和国家级农业产业化龙头企业分别一次性给予10万元和20万元奖励。罗田县三里畈镇黄土坳村"能人"刘锦秀成立湖北名羊农业科技发展有限公司，注册"薄金寨""三里美"等羊肉商标，投资1.1亿元，建设羊肉食品加工生产线，年屠宰加工肉羊30万只，重点研发"全天然、纯绿色"高档羊肉食品。公司从良种繁育和标准化集约化养殖，再到肉产品生产加工和经营销售，形成了全产业链融合发展，稳定了企业效益和农民收益。英山县杨柳湾镇三门河村"能人"胡伟投资3000万元成立了三座山饮品公司，建有符合国家标准的三条加工生产线，加工生产桶装水、壶装水、瓶装水，年产矿泉水30万吨，实现收入2.4亿元。扶助200户贫困户以及500余人脱贫致富，人均年收入2万元。

（三）发展田园综合体

田园综合体是集现代农业、休闲旅游、田园社区为一体的特色小镇和乡村综合发展模式，是在城乡一体化格局下，顺应农村供给侧结构改革、新型产业发展，结合农村产权制度改革，实现中国乡村现代化、新型城镇化、社会经济全面发展的一种可持续性模式。英山县孔坊乡"能人"闻彬军投资2亿元回乡创立以神峰山庄为核心基地的湖北先秾坛生态农业有限公司，开发大别山"新文化＋新农业＋新健康"复合运营模式。2017年接待游客40万人次，安排当地农民就业2880人，综合收入3.4亿元，累计税收600万元，带动35个村3万名农民脱贫致富。黄州区堵城镇外岭村"能人"吴银章投资1.5亿元成立黄冈雅淡生态农业发展有限公司，流转耕地面积3080亩，打造集原野生态家庭农场、农耕文化展示长廊、现代农业体验园等于一体的生态园。公司通过"公司＋基地＋专业合作社＋农户"的模式，以提供固定就业岗位和平时临时用工等形式，解决了一批劳动力就业问题。2017年，公司产业扶贫贫困户20户，帮扶贫困人员64人。

二、乡村产业振兴的特征分析

2018年3月15日以来，黄冈市委、市政府从黄冈籍"能人"资源丰富的实际出发，启动"能人"回乡"千人计划"，引起了全社会的强烈反响，得到了在外成功人士的热烈响应，他们纷纷回乡考察洽谈，签约创业项目络绎不绝。可见，"能人"回乡"千人计划"的实施，有效激发了广大能人把"乡愁"转化为"乡恋"，用"乡恋"把自己变成"乡贤"，通过千千万万的乡贤来促进乡村振兴，建设"强、富、美"新农村。

（一）"能人"回乡实际签约项目1106个，协议投资额945.13亿元

据统计，截至2018年6月30日，全市"能人"回乡签约项目1106个，协议投资额

945.13 亿元。其中，红安县签约项目 136 个，协议投资额 57.82 亿元；武穴市签约项目 135 个，协议投资额 87.55 亿元；麻城市签约项目 133 个，协议投资额 61.38 亿元；蕲春县签约项目 132 个，协议投资额 87.21 亿元；黄梅县签约项目 124 个，协议投资额 105.00 亿元；英山县签约项目 112 个，协议投资额 91.27 亿元；浠水县签约项目 103 个，协议投资额 118.26 亿元；罗田县签约项目 101 个，协议投资额 114.53 亿元；团风县签约项目 94 个，协议投资额 190.31 亿元；黄州区签约项目 24 个，协议投资额 17.20 亿元；龙感湖签约项目 12 个，协议投资额 14.60 亿元。另外，全市有意向回乡创业人数 1301 人，意向投资额 945.57 亿元；全市推出招商项目共计 865 个，招商投资金额 754.91 亿元，成效显著。

（二）回乡创业"能人"以青壮年为主，文化层次较高，行业背景及经历各异

从年龄结构来看，30 岁及以下占比 5.10%，31～40 岁占比 18.88%，41～50 岁占比 53.06%，51～60 岁占比 22.45%，60 岁以上占比 0.51%。可见，41～50 岁所占比重最高，这类人员正处于事业的高峰期。从文化程度来看，小学及以下占比 1.02%，初中占比 18.88%，高中或中专占比 33.67%，大专及以上占比 46.43%。可见，具有大专及以上学历所占比重最高，显示出回乡人员具有较高的文化素质。从回乡前在外工作年限来看，10 年以下占比 23.47%，10～20 年占比 40.31%，20～30 年占比 26.02%，30 年以上占比 10.20%。可见，在外工作 11～20 年所占比重最高，这段工作经历是其能力提升和财富积累的重要阶段。从回乡前从事职业来看，政府机关人员占比 2.04%，事业单位、中介机构人员占比 7.14%，公司法人占比 33.67%，公司管理或技术人员占比 31.63%。可见，公司法人和公司管理人员或技术人员所占比重较高，这类人员成为当前回乡创业的主体。从回乡动机来看，对家乡有深厚情结所占比重最高，达到 81.63%，说明随着年龄的增长，在外人员乡愁越来越浓，家乡情结越来越重。从回乡前所处地区来看，来自东部地区回乡人员的比重最高，达到 53.57%，其次中部地区占比 42.35%。从回乡前是否有创业经验来看，有创业经验的人群所占比重最高，达到 82.14%，这与其回乡前从事职业大体是相吻合的。

（三）"能人"回乡创业领域及模式广泛，涵盖第一、二、三产业

从回乡创业领域来看，主要集中在现代种养业、田园综合体、特色小镇、乡村旅游、农产品加工、农村电商、民俗康养、农产品销售物流等。其中，种植业、养殖业及乡村旅游业比重较高，分别为 59.69%、42.35% 和 36.22%，这与当地资源禀赋有关，但投资农产品加工业不够，比重仅为 18.37%。从回乡投资规模来看，投资 1000 万元以下占比 27.55%，1000 万～3000 万元占比 40.82%，3000 万～5000 万元占比 11.73%，5000 万元以上占比 19.90%。可见，投资 1000 万～3000 万元比重最高，这与"三农"产业对投资规模的要求是相适应的。从回乡创业公司所在地来看，绝大部分"能人"选择了其出生地所在村进行投资，比重 75.51%，体现了浓厚的家乡情结。从创业发展模式来看，专业合作社带动型占比 55.10%，龙头企业带动型占比 32.65%。从出资方式来看，合伙投资与独资占比分别为 55.10% 和 44.90%。从带动贫困户就业人数来看，带动贫困户就业人数 10 人及以下占比 13.76%，11 ~ 30 人占比 33.16%，31 ~ 50 人占比 17.86%，50 人以上占比 35.20%。"能人"回乡类别及模式的多样化，对于推动全市农业供给侧结构性改革，促进城乡融合体制机制创新，加快革命老区和贫困地区农业全面升级、农村全面进步、农民全面发展，发挥了十分重要的作用。

（四）回乡创业"能人"对政策支持、基础设施保障以及服务态度等满意度总体较高

从政策支持满意度来看，选择"很满意"占比 45.41%，"满意"占比 40.31%，"一般"占比 9.69%，"不满意"占比 3.06%，"很不满意"占比 1.53%；从基础设施保障满意度来看，选择"很满意"占比 30.61%，"满意"占比 35.71%，"一般"占比 20.92%，"不满意"占比 10.20%，"很不满意"占比 2.55%；从服务环境的满意度来看，选择"很满意"占比 55.10%，"满意"占比 37.24%，"一般"占比 6.12%，"不满意"占比 1.02%，"很不满意"占比 0.51%；从整体投资环境满意度来看，选择"很满意"占比 44.39%，"满意"占比 40.82%，"一般"占比 11.22%，"不满意"占比 2.04%，"很不满意"占比 1.53%。

三、乡村产业振兴应当突破的瓶颈

（一）对创业项目缺乏周密的论证，尤其对环境保护把关不严

从调研情况来看，还依然存在"重项目引进，轻环境保护评估"的现象。主要表现为以下几个方面：一是规划项目缺乏针对性和可操作性。尽管各地针对"能人"回乡创业进行了项目推介，但推介项目不全面，有些项目缺乏针对性和可操作性。二是创业项目相对单一。项目主要集中在种养殖业、乡村旅游等，农产品深加工、农村电商、农产品销售物流等方面发展滞后。三是部分创业项目不姓"农"。有些创业项目涉及工业及其他产业，与农业关联度不高，很难带动农民脱贫增收。四是创业项目对生态环境影响评估不足。乡村振兴战略既强调产业振兴，同时还强调生态宜居，绿色发展。"能人"回乡创业项目在签约前，部分项目没有经过项目评审，国土、林业、规划、环保、招商等部门缺乏对项目的有效把关和监管，项目实施后需要补办的手续烦琐且复杂，这些都给项目推进带来隐患。

（二）政策执行缓慢，土地流转不规范

一是扶持政策执行缓慢。尽管黄冈市委、市政府针对"能人"回乡出台了若干扶持政策，但在执行过程中存在不兑现或兑现迟缓等突出问题。调查中发现，一些"能人"回乡创业项目需要配套设施用地，根据《国土资源部、农业部关于进一步支持设施农业健康发展的通知》（国土资发〔2014〕127 号）将设施农用地具体划分为生产设施用地、附属设施用地以及配套设施用地，而在市县级却在用地保障政策方面没有出台具体实施细则，罗田县九资河镇神草医药科技有限公司急需 200 亩加工仓储配套用地的问题就一直得不到妥善解

决，这也挫伤了"能人"回乡创业的积极性。二是土地流转不规范。有些地方土地流转是以镇级名义流转，有的是以村级名义流转，有的是以村民个人名义流转。另外，土地流转价格千差万别，乡镇之间、村与村之间，甚至同一个乡镇，同一个村之间，价格也不尽相同。同时，各地在对土地流转时间和用途上缺乏一个权威性、指导性和原则性意见，导致土地流转在用途上有偏差，时间过长，容易留下后遗症。

（三）创业企业人才匮乏

乡村振兴，人才是魂。人才匮乏，一直是影响和制约农业、农村发展的一大瓶颈。乡村没有人才，再好的政策也难以实施，再好的资源也难以利用。当前，许多"能人"回乡了，项目回迁了，资金回流了，但普遍面临人才和劳动力短缺的困境。主要表现为以下几方面：一是人才引进难。"能人"回乡创业大多集中在乡镇或村，相比城市而言，乡村还明显存在地理位置偏远、配套设施不完善、待遇相对较低等劣势，因此，多数大学毕业生普遍选择城市以及非农产业就业，不愿意到农村就业，导致人才引进困难。二是人才流失严重。当前，农村"空心化"日益明显，青壮年劳动力纷纷流向城市打工就业，留守在农村的多是"老弱病残"等弱势群体，无法满足企业用工需求。据调查，超过80%的"能人"反映企业人才匮乏，尤其是管理和技术人才严重不足。

（四）农企利益联结不够紧，带动农民增收能力不强

这方面主要表现为：一是新型产业主体发育不足。新型农业经营主体包括龙头企业、农民专业合作社和家庭农场等。在促进农民增收方面，家庭农场的带动作用有限，应当重点培育龙头企业和农民合作社。但在多数地区，一方面新型产业主体发育不足，带动农民增收能力不强；另一方面，有些龙头企业多局限在农业产业园区和示范园区内，与农民的利益联结关系不强，还没有形成对农户的带动力量和市场主导力量。二是缺乏新型农业经营主体与农户利益共享机制。从各地的实践来看，新型农业经营主体往往缺少与农户的利益联结机制和共享机制。大部分龙头企业为农户提供的社会化服务有限，少数龙头企业从农户手中获得的流转土地租金不高，带动农民就业少且收入偏低，股金分红则更少。在收益得不到保障的情况下，农民将流转土地收回的现象时有发生。

（五）村级行政区划割裂阻碍创业项目做大做强

由于村级行政区划割裂，各村往往各自为政，在引进项目时不能形成整体合力。各村受区位、人口等因素的限制，引进项目小而全，同质化明显，必然导致项目重复建设、低水平建设，加剧各村之间恶性竞争，浪费公共资源，破坏生态环境。

（六）融资难、融资贵问题依然存在

农业贷款难、融资贵、保险少，这个问题确实存在，这几年应该说各级政府已经采取了一些措施，有关部门也积极支持，这个问题有所缓解，但是农业特别是从事种养业新型主体融资难，仍然是金融服务方面的一个短板。由于农业项目投资大、收益慢，多数项目

要 5 年以后才能产生效益，因此，客观上需要银行金融机构提供金融支持。根据对湖北贺根农业科技有限公司调查反映，"作为一名 90 后回乡创业大学生，回乡创业已经有七年了，一直从事大别山黄牛养殖以及销售。虽然每年有一些盈余，但每年都在投入。政府关于大学生创业贷款额度有限，一个大学生最高只能借 10 万元的贴息贷款，基本上是杯水车薪，目前资金来源主要是银行抵押贷款，每年贷款利息在 35 万元左右。总之对于我们从事农业创业者而言'融资难，融资贵'的问题依旧存在"。

（七）农村基础设施不够完善

当前，黄冈市农村基础设施不够完善主要表现在以下几个方面：一是农田水利基础设施的建设相对滞后。从目前发展情况来看，黄冈市农村基础设施建设仍有缺口，致使农田水利基础设施年久失修，更新与改造进度缓慢。许多乡村自来水还没有普及，而有些已经接通自来水的村庄因水源不充足、管理不到位，导致日常供水不能得到有效保障。二是农村的道路交通与电力供应不够完善。农村道路交通设施由于技术水平不高以及恶劣自然环境损坏严重，排水设施缺乏更加速了道路损毁，不仅出行难、生活质量难以提高，而且限制了农村商品流通体系的发展。在电力供应方面，由于电线路径的辐射半径过长，没有较好的发电设备。同时，电网设备老化问题严重，这给用电供应增加了困难。电压不稳定，使得供电安全性无法保障，无法满足农村用电需求，给农业生产带来不利影响。据调查，蕲春县青石镇大屋村湘云种养基地位于大山深处，至今还未通路通电通网，进出基地的道路狭窄，车辆通行十分不便，基地通信网络未全覆盖，与外界的交流沟通十分不便。

四、乡村产业振兴的有关建议

（一）规划先行，切实做好"能人"回乡创业的顶层设计

一是编制好全市乡村振兴总体规划。编制好乡村振兴规划是确保"能人"回乡创业顺利开展的前提。乡村振兴，何以振兴，以何振兴？要根据全市农村经济发展实际，科学制订全市乡村振兴中长期发展规划，促进乡村振兴合理布局、稳步发展。二是坚持"能人"回乡创业分类指导，强化特色发展。要从区域资源禀赋、经济基础和农业生产能力出发，科学确定"能人"回乡创业的发展方向、发展模式、发展领域。目前，蕲春县"能人"回乡创业聚焦"蕲艾"特色产业的思路和举措堪称全市典范。

（二）培育主体，着力壮大发展实力

一是扶持"能人"回乡创办家庭农场和种养大户。建立家庭农场认定和注册登记制度，重点培育省级示范家庭农场，加强以种养大户为代表的新型农业职业农民培训。二是规范"能人"回乡创办农业专业合作社。扶持"能人"创办农业专业合作社规范发展，深入推进示范社建设行动。通过财政奖补和项目帮扶、农产品质量认证等，支持合作社建设农产品加工仓储冷链物流设施，形成农产品流通的主体力量。三是提升壮大"能人"回乡创办

龙头企业。按照"扶优、扶强、扶大"的原则，在园艺、水产、畜禽、食用菌、中药材等产业中筛选具有比较优势的大型农业龙头企业，给予重点培育，促进其做大做强，打造行业领军企业集团。

（三）建立机制，带动农业增效、农民增收

一是加强农企利益共同体建设。建立带动农户增收与扶持资金挂钩机制，积极推广"龙头企业＋合作社＋基地＋农户＋市场"的经营模式，打造农企利益共同体，真正发挥龙头企业、合作社的辐射带动作用。二是积极推动联户规模经营。按照"依法、自愿、有偿"的原则，采用互换、租赁、转包、土地差价补偿等形式实现土地置换，促进"能人"用地成方连片发展、实现规模化经营，切实提高农业的综合效益。

（四）聚集人才，激发第一资源活力

一是同步推进市民下乡和企业兴乡工程。全市各地要在大力实施"能人"回乡创业的基础上，同步推进市民下乡和企业兴乡工程，形成三股强大合力发展现代农业；要优化服务环境，完善"马上办、网上办、一次办"的行政审批和服务流程，引导更多"能人"进入农业领域。二是加大人才引进和培训力度。加强优秀村干部、创业大学生、返乡农民工、退役军人的引进与培训，采取集中培训、分户指导、田头示范、远程视频培训等多种形式，提高农业生产的经营水平。

（五）促进融合，延长产业链、提升价值链

要充分发挥农业的多功能优势，积极引导"能人"推动农业新业态的深入发展，激发农业的新消费需求，拓展农业的发展空间，实现农业全产业链条在融合发展中同步增值。"能人"在城市远郊要加快新品种的选育，努力向种植特种蔬菜、特种花果等精品农业发展；"能人"在城市近郊则要发挥地理优势，将农业与会展经济、旅游经济深度融合，实现农业与农业文化、休闲观光、园艺景观、展会展览的有机结合，打造集农业生产、旅游、观光和休闲于一体的农业观光园、生态科技园区，提高农业的高科技含量。

（六）完善政策，推动稳定高质发展

按照乡村振兴战略"四个优先"的要求，重点加大对"能人"回乡创业的要素配置和资金支持力度。一是在要素配置上优先考虑"能人"回乡创业。为支持"能人"回乡创业，要切实解决好农业用地问题，创新土地收益分配机制，保持农业土地承包关系稳定并长久不变。二是在资金投入上优先保障"能人"回乡创业。重点整合农业专项资金，明确支持重点和比例，并加强监督考核，确保资金落实到位并产生效益。用好用活用足金融服务"能人"回乡创业政策，加强银企对接，创新金融产品，扩大对"能人"回乡创办龙头企业贷款规模。三是着力提升"能人"回乡创业的补贴效能。全面落实"耕地地力保护"补贴和农机具购置补贴政策；对"能人"回乡创业地点的道路和水利基础设施建设，制定具体补贴办法和标准；农业补贴要向能大幅度带动农户就业和增收的新型农业经营主体倾斜。

第四章 强化人才支撑，汇聚乡村全面振兴智慧

第一节 我国农村人力资源现状及面临的挑战

一、有关农村人力资源的概念及内涵

（一）农业劳动力

劳动力是指人的劳动能力，是人在从事劳动时所能运用的体力和智力的总和。农业劳动力指从事第一产业（广义农业）的劳动力，包括具体从事种植业、林业、畜牧业、渔业与副业的劳动者。劳动力资源则包括劳动力的数量和质量两方面。劳动力资源的数量是指符合劳动年龄并有劳动能力的人数以及参加劳动但超过劳动年龄的人数。一个国家劳动力资源的数量除了与其人口数量有关外，还与人口的年龄构成密切相关。各个国家规定的符合劳动年龄的标准不同。目前我国劳动年龄的标准是：男性 16 ~ 60 岁，女性 16 ~ 55 岁，劳动年龄范围内的大部分构成劳动力资源，但青年学生及因各种原因丧失劳动能力的人不属于劳动力资源。

（二）农村劳动力

农村劳动力是指在农村从事第一、二、三产业的劳动力。农村劳动力的数据范围比农业劳动力更大，是指除从事第一产业（农业）外的劳动力，还包括在农村从事第二、三产业的劳动力。农业劳动力是按劳动力从事的职业性质来划分的，相对应的是非农产业劳动力；农村劳动力是按劳动力就业地域来划分的，与之相应的是城镇劳动力。从我国城乡的实际情况来看，城镇劳动力也包含部分农业劳动力。

（三）农业剩余劳动力

农业剩余劳动力属于产业的范畴，与非农产业的剩余劳动力相对应，取决于农业劳动力增加量与其他生产要素量的结合状况，过量结合必然导致劳动力剩余。农业剩余劳动力是一个动态和相对的概念，包括农业劳动力的绝对剩余、农业劳动力的相对剩余两

方面的含义。农业劳动力的绝对剩余指在确定的农业生产经营方式下，与有限的农村生产资源（主要是土地、水、林木等农业基本生产资料）相匹配的农村劳动力资源已处于饱和状态，超过适度劳动力需求规模而导致劳动力绝对剩余。农业劳动力的相对剩余是指由于农业生产经营方式的自身缺陷使其对劳动力的吸纳潜力不能充分地释放出来，导致农村劳动力的剩余，即农业劳动力的劳动生产率达到全国平均水平时，农业劳动力仍供过于求。

（四）农村剩余劳动力

农村剩余劳动力指现有农村劳动力供给量超过了农村各产业实际对劳动力的需求量，从而导致部分农村劳动力处于失业状态。"农村剩余劳动力"强调农村地区适度劳动力规模之外的劳动力剩余。它属于地域范围，与城市剩余劳动力相对应。用公式表示为：

农村剩余劳动力 = 农业剩余劳动力 + 农村非农产业剩余劳动力

农村剩余劳动力转移指农村劳动力从农村向城镇的空间转移过程，主要表现为农业领域的劳动力向第二、三产业转移，而真正意义上的农业剩余劳动力转移，是指农业剩余劳动力向农业以外的产业转移，从事非农生产和经营活动超过半年。根据农业剩余劳动力转移地点与居住地距离的远近可以分为异地转移和就地转移。

（五）农村人力资源

广义上的农村人力资源指相对于城镇的农村区域的人口总量。狭义上的农村人力资源指农村区域中具有劳动能力的农村人口的总和，即农村劳动力资源。基于此，农村人力资源可以界定为农村范围内已经投入和将要投入社会财富创造过程的、具有劳动能力的人们的总和，具体包括现实的农村劳动力（农村就业人口和失业人口）和潜在的农村劳动力（就学人口、家务劳动人口和军事人口）两部分。同一般意义上的人力资源一样，农村人力资源也由数量和质量两个基本方面构成。

（六）农村人力资源开发

农村人力资源开发是指努力提高人力资源的质量，充分利用人力资源，并进行科学调控，以实现最优化的过程。从整体上来看人力资源的开发利用是否充分合理是与当前社会经济发展水平相联系的。因此，要整体分析农村劳动人口的组成情况，明确农村人力资源分布和层次差别；充分并合理利用农村人力资源，根据农村社会经济发展水平，有针对性地进行人力资本投资，其核心是教育和培训。从农业的投入产出角度分析，人力资源的差异化与其投入产出比有着很大的关联，因为在农业生产诸要素当中，劳动者素质对于提高农业生产效益起着决定性作用。

二、我国农村人力资源发展状况

（一）中国农村人力资源基本状况

1. 农村人力资源的数量巨大

农村人口在我国总人口中占很大比重，农村人力资源总量丰富、增长速度快，人力资源开发任务十分艰巨。《国务院关于开展第六次全国人口普查的通知》（国发 [2009]23 号）表明，我国目前居住在城镇的人口为 66558 万人，占 49.68%；居住在乡村的人口为 67415 万人，占 50.32%。从这个统计数据来看，农村人口仍然构成我国人口的一半。我国人口众多，而且农村人口比重大。因此，无论是从绝对数还是从相对数上来看，我国农村人力资源基数都是巨大的。2016 年中国人力资本报告及发布内容显示，2014 年中国人力资本总量按当年价值计算为 1 503.600 万亿元。其中，城镇为 1 223 万亿元，占全国的 81.3%；农村为 280.6 万亿元，占全国的 18.7%。2014 年，中国人均人力资本按当年价值计算为 132.7 万元，其中城镇为 193.01 万元，农村为 56.19 万元，农村人均人力资本年均增长率为 4.54%，而城镇为 5.67%。

2. 我国农村劳动力严重剩余

目前农村人力资源就业面临巨大压力，存在大量富余劳动力。《中国农村劳动力就业与流动状况调查》结果表明，农村劳动力的剩余率大约为 55.4%，如果用这一剩余率来估算，目前全国农村剩余劳动力大约有 2.8 亿人。虽然农村富余劳动力得到了部分转移，但是由于农村人力资源素质低下的原因，其转移能力受到限制。因此，我国仍存在大量的农村富余劳动力。

3. 地区差异明显，分布失衡

就我国农村人力资源地区的分布而言，在农村人口和劳动力数量方面对于东部地区压力要大大超过中西部地区。而我国农村各地区人力资源质量呈现出的趋势是从东北向西南和西北逐步下降，存在明显的地区差异，分布失衡。2016 年中国人力资本报告及发布内容显示，1985—2014 年间，农村人力资本年均增长率为 3.2%，而城镇年均增长率则达 9.8%。人力资本总量前五位为广东、山东、江苏、河南和浙江，后五位是甘肃、海南、宁夏、青海和西藏。由于东部地区经济发达，收入水平高，吸引更多文化层次较高的农村人力资源向其流动，地区结构性失衡现象更为严重。

（二）中国农村人力资源发展的机遇

当前我国社会正处于转型期，随着国家经济实力的快速提升以及乡村振兴战略的提出，现代农村发展以及农村人力资源提升面临重大机遇。当前国家提倡的城乡融合发展宗旨是通过发展农村经济进一步缩小城乡之间的差距，其核心就是提高农民收入，在纠正当下唯 GDP 论的前提下，提倡低碳和绿色环保，通过增加农村人力资本投资，加快推进我国农村经济社会转型和可持续发展步伐，充分挖掘农村人力资源的潜能。无论是农村公共基础设施建设、农业产业化经营，还是农村综合管理等都需要"有文化、懂技术、会经营"的新型农民的全力投入。全面建成小康社会，促进社会主义新农村建设和乡村振兴战略目标的实现，就必须优化农村人力资源配置，构建中国特色的农村人力资源开发体系。

从全国来看，农村家庭支出结构转型也为农村人力资源发展提供了机遇。当前，随着我国农村经济发展状况好转给农民生活带来很大改善，农村家庭支出结构也逐渐发生了转变，农村居民人均教育支出呈上升趋势。农民家庭教育消费中的教育消费是狭义的教育消费，即包括子女教育支出以及为提高自身业务竞争能力的培训及继续教育支出。教育消费有别于其他消费，它属于高层次的文化消费，是建立在物质基础之上的，如果居民的温饱都得不到解决，也谈不上教育消费，至少这种高层次的文化精神消费会受到极大的限制。"赋予农民更多财产权"及农村财产性收入制度的提出，对农民家庭来说，将成为提高收入和扩大教育消费新的增长点，将对农村居民家庭教育消费支出有着很大的预期影响，今后，农村居民家庭教育、文化的支出占家庭消费支出的比例会不断上升。

此外，我国的城市化战略加速农村人口转移，也为农村人力资源的发展提供机遇。当前我国实现以城镇化为主的劳动力转移是第三次解放农村劳动力、提升农村人力资源素质的时代机遇。突破城乡分割的二元结构，形成劳动力转移的加速期，大力发展第三产业，推进具有我国特色的大中城市和小城镇多层次发展的城镇化，逐步建成城镇人口占多数的现代化国家，使农村劳动力彻底得到解放。今后一个时期我国的农村劳动力还会是最廉价的，使用成本是最低的，把农村巨大的人口负担变成人力资源的优势，是时代赋予开创新的经济发展和农村劳动力转移的黄金时期。近几年国家实行积极的财政政策，采取了加大基础设施投入，综合运用税收、价格、汇率和收入分配等经济杠杆，刺激内需的宏观调控政策，吸收了相当数量的农村劳动力，显示了宏观调控对农村就业的重大作用，加上西部大开发等发展性决策，农村劳动力的转移和人力资源的素质将得到进一步提升。

三、当前我国农村人力资源发展面临的挑战

我国农村人力资源数量大，但总体素质低。"数量大"说明了我国的农村人力资源具有巨大的潜在生产力，有着极大的开发潜力；"素质低"则是我国农村人力资源的软肋。经济增长方式的转变一般指由数量型增长方式向质量型增长方式的转变，而当前我国现有农村人力资源无法适应这种转变，这使我国农村人力资源的开发利用面临着很大挑战。

（一）农村人力资源总体水平低，发展不均衡

我国农村人力资本存量少，分布不均。主要表现为农村劳动力文化水平低，文化水平在地区间差异大；文化水平分布不均，地区间差异因素与差异程度不同；农村医疗保健条件和设施落后，农民健康状况日趋下降等等。

（二）农村人力资本积累速度慢，投资不足

21 世纪以来，国家相继实施了农村义务教育阶段贫困家庭学生就学"两免一补"（免

杂费、免书本费，逐步补助寄宿生生活费）、农村义务教育学校教师特设岗位计划和中小学教师国家级培训计划、农村义务教育薄弱学校改造计划、农村义务教育学生营养改善计划等一系列政策，有力地推动了农村地区的教育发展，使我国农村正规教育总体水平有所提高。但当前我国农村教育总体上薄弱，发展缓慢；农村职业教育和成人教育发展迅速，但供需缺口大；农村教育经费增加幅度大，但绝对量仍不足；农村私人教育投资增加幅度大，但绝对量少。2010 年第六次人口普查数据显示，在 18 ~ 19 岁这个高中入学年龄段，农村孩子高中入学率达到了 42% ~ 43%，而城市孩子高中入学率为 75% ~ 78%，显示出城乡孩子教育水平的差异。我国农民的科技文化水平仍然不高，平均受教育年限为 7.7 年，在欠发达地区，情况更差。2016 年中国统计年鉴数据显示，我国成人文盲率大约是 5.42%，主要集中在农村。即使识字，文化程度也不高，大部分是小学或初中程度。外出打工也只能干一些力气活，几乎没有能力开拓致富门路。而农村人口文化素质水平低是导致我国农村长期处于落后状态的根本原因。

（三）长期实行的城乡二元结构，影响着农村人力资源的投入

城乡二元结构一般是指以社会化大生产为主要特点的城市经济和以小生产为主要特点的农村经济并存的经济结构。我国城乡二元经济结构是贫困和落后的重要原因，它是以牺牲农村和农民为代价发展工业，致使中国农村长期得不到应有的投入，农业技术落后、农村基础设施落后，农民靠有限的土地维持基本生存和延续后代。长期城乡二元结构，严重影响着农村人力资源的投入和农村人力资本质量的提升，当前我国农村人力资本流动呈现出一种净流出态势。

（四）农村传统的人力资本管理模式的影响

在我国许多农村各项管理工作中，对村民的管理强调通过"控制"和"服从"来实现人与事相适应，而忽视村民的才能发挥，缺乏用现代人力资源管理的理念管理人和事。特别是在用人方面，相当一部分农村干部的培养和聘用基本上是个别或少数人说了算，使人民不能尽其才，因而缺乏工作积极性和创造性。目前，在建设社会主义新农村的过程中，一些农村也已开始认识到村民的重要性，并以一定物质奖励吸引人才、留住人才，但在人力资源管理中没有以"人"为本，单一的激励手段不能完全提高农民工的工作激情，农民的使用效益没有达到满意化。

第二节　我国农村人力资源流动及管理的政策措施

人力资源流动是人力资源的流出、流入和在组织内流动所发生的人力资源变动，它影响着一个组织人力资源的有效配置。人力资源流动的一般规律是人力资源流动数量与流动距离有关、人力资源流动具有梯度推进的趋势、人力资源流动中存在着一定的差异、技术进步促进人力资源流动、经济动机是人力资源流动的主要动力。20 世纪 50 年代初期，人力资源的地区流动和城乡迁移还是不受行政限制的，农村人口可以自由地迁入城市或其他地区。但长达 20 多年的人民公社体制束缚了农民流动的自由性，1978 年改革开放率先发起了对传统发展战略及与之相伴的城乡隔离体制的冲击。20 世纪 80 年代以来，我国流动人口数量开始急剧增加，各大城市特别是沿海对外开放经济区、工商业区、交通枢纽、旅游风景区的外来流动人口数量更是明显增加。目前，我国农民工约有 2.8 亿人。

一、人力资本的外溢性

美国经济学家卢卡斯（Lucas）于 1988 年提出"人力资本溢出"模型，他认为研究人力资本在经济增长中的作用，需要区分人力资本的"内部效应"与"外部效应"。内部效应是指通过人力资本投资提高个体人力资本存量带来个人生产率和收入提高的效应；外部效应是指在学习过程中，拥有较高人力资本者对周围的人产生更多的有利影响，却并不因此而得益。要得到社会中最优的人力资本投资规模仅有私人投资是不够的，在人力资本形成领域必须有政府的公共投资。当前为什么在中国农村劳动力向城市转移的规模日益扩大的同时，城乡收入差距反而会不断拉大？最主要的原因就是农村向城市外溢，即农村与城市间存在着庞大的价值转移，实证分析表明，超过四成的城乡收入差距是由这一因素造成的。从城乡人力资本公共投资上看，城乡分割的二元体制向城市倾斜，而农村人力资本公共投资严重不足，城市中有更高的私人投资比重进一步加大了城乡在人力资本水平上的差距。从人力资本报酬的个体角度看，城市的人均人力资本和物质资本都远高于农村，同质的人力资本在城市的报酬远高于农村。最终结果导致农村劳动力转移——单向流动，农村人力资本在城市外溢。此外，其他外溢效应包括城市的非正规部门，在这些部门中人力资本的报酬并不是由其边际贡献决定的，而是由农村转移劳动力的机会成本（人力资本在农村的边际报酬加上一定的转移成本）决定的。农民工面临着就业行业和工资待遇的双重歧视，所获得的报酬远低于其边际贡献，进一步加大了溢出效应。

二、农村人力资本流动的特点

（一）从"量"上来看，我国农村人力资本流动的一个特点是量上不断增大

我国农村外出就业劳动力总量不断增加，城乡之间人力资本流动表现为单向地从乡村向城市的流动。国家统计局数据显示，从1995—2016年，全国农村劳动力外出务工数量由5066万人增加到16934万人。国家统计局对外公布的《2016年农民工监测调查报告》显示，截至2016年年底，农民工总量达到28171万人，从事第二产业的农民工比重为52.9%，从事第三产业的农民工比重为46.7%。全国普通高等院校本专科招生700多万人，农村生源约占30%以上，每年有约180万农村孩子进入大学。如果只考虑教育投入，每名农村大学生从小学到大学的投入以每人5万元来算，每年以这种形式流入城市的人力资本就高达900亿元。此外，农村外出务工人员的平均受教育年限同期高出农村劳动力的平均受教育年限，说明农村中具有较高人力资本水平的劳动力具有更高的外流倾向，更加剧了村庄空心化、农业兼业化、农民老龄化倾向。

（二）从"质"上来看，我国农村人力资本在城市所获报酬的"质"也在缓慢增长

值得肯定的一点是，农民工在城市打工获得了高于在农村的劳动报酬。统计资料显示，2017年城镇居民人均可支配收入36396元，农村居民人均可支配收入13432元。根据抽样调查得到的数据计算，从农村流动到城市的流动家庭人均收入为8368元，是农村人均收入的2.6倍，是城镇人均收入的80%。根据人力资源流动的"成本—收益"理论，如果流动的净收益现值大于零，则会发生实际的流动行为；如果流动的净收益现值小于零，则不会发生实际的流动行为。由于农民工外出打工收益多于在家种田，导致目前我国有2.8亿农民工外出流动。此外，人力资源流动的"推—拉"理论认为，人力资源流动是其原住地的推力或排斥力和迁入地的拉力或吸引力两种力量共同作用的结果。在新一轮城镇化的浪潮下，大量村落走向终结似乎成为一种不可阻挡的趋势。其中的一些村庄在现代化与工业化的浪潮下完成了自身的转型，逐渐由传统的农业村转变为工业村（企业村），另一些村庄则因人口的减少而自然消亡或者被周边大的村庄兼并，还有一些村庄正行进在终结的道路上。在城镇化如火如荼的当下，村落的命运正面临着前所未有的改变。中国社科院副院长李培林指出："在1990—2010年的20年里，我国的村镇数量，由于城镇化和村庄兼并等原因，从100多万个锐减到64万多个，每年减少1.8万个村落，每天减少约50个。"当前传统农村的衰落也是推动大批农民工外出流动打工的重要原因，也符合"推—拉"理论。

（三）当前农村人力资本投资收益外流。

不同部门和地区之间存在的生产率差距导致了收入水平的不同，在低生产率部门和地

区工作的劳动力为了追求更好的收入，具有向较高收入水平的部门和地区流动的趋向。20世纪六七十年代的实际情况则表明，在许多发展中国家，尽管城市失业和就业不足现象在不断加剧，但仍有大量的农村人口源源不断地流入城市。

按照发展经济学家哈里斯·托达罗的人力资源在城乡之间流动的模型，从农村流入城市的劳动力数量是预期收入差距的增函数，城乡预期收入差距越大，推动农村劳动力由农村流入城市的动力就越强，流入城市的农村劳动力数量就越多。但问题在于，农民工的劳动报酬远远小于其在城市的贡献，农民工与城镇职工的工资差异逐年增大，导致农民工劳动报酬的外溢，其原因就是城乡预期的收入差异。在托达罗看来，只要未来预期城市收入的"现值"看上去大于未来预期乡村收入的"现值"，人们从农村向城市的流动就会继续下去。

当前我国农村家庭的教育投资所积累的人力资本绝大部分并没有对农村经济的发展做出什么贡献，而是对城市经济的发展做出了贡献，也就是说农村教育投资成本在农村，收益却在城市，从而出现了农村教育投资成本与收益的不对称性，也可以说农村的教育产生了对城市经济发展正的外部性。这个逻辑过程是农村子女从小学到初中再到高中的教育一般都在农村进行，而从大学开始到以后工作绝大部分都在城市，这从两个方面对城市经济产生了正的外部性。一方面，农村子女在上大学时，每年的大量花费（学费和生活费），即实际购买力是从农村转移到了城市，对城市的需求增加，从而促进了城市经济的发展。相对应的是对农村的实际购买力减少，对农村经济的发展起了一定的阻碍作用。另一方面，农村子女在城市接受了高等教育之后，在城市工作，回到农村搞建设的不到 1%，这实际上是为城市的经济发展积累了人力资本，对城市的经济发展起了投资的作用。相反，作为这些人力资本的投资方——农村却没有得到相应的回报。这就是农村教育投资成本与收益的不对称性。此外，农村人力资本溢出效应主要不表现为内溢效应而是表现为农村区域的外溢效应，即人力资本大量流向城市，对城市发展起推动作用；而城市人力资本的溢出效应则主要不表现为外溢效应而是表现为内溢效应，即城市人力资本只在城市发挥作用，而对农村的外溢则表现得不明显。正是城市发展中对农村人力资本的两种剥夺，即在人力资本投资过程中的剥夺——偏向城市的国家财政及其相应的投资政策以及在人力资本形成后城乡之间不同的溢出效应，形成了城市对农村的另一种看不见又说不出的无形剥夺，从而造成了中国城乡差别的不断增大，而这种巨大的城乡差别已经成为中国经济持续增长的障碍。

托达罗人口流动模型认为，促使人口流动的基本力量，是比较利益与成本的理性经济考虑，这种考虑还包括心理因素；是预期而不是现实的城乡工资差异，使人们做出移入城市的决定，预期因素是工资水平和就业概率，如城市工资是农村工资的 1 倍，则只要城市失业率不超过 50%，农村劳动力就会不断向城市流动；农村劳动力获得城市工作机会的概率与城市失业率成反比；人口流动率超过城市工作机会的增长率不仅是可能的，而且是合理的。在城乡预期工资差异很大的条件下，情况也必然如此。因此，在许多发展中国家，城市的高失业率是城乡经济发展不平衡和经济机会不平衡的必然结果。在托达罗看来，发展中国家关于人口流动的政策牵涉工资、收入、农村发展和工业化各方面的发展战略。因此，应该尽量减轻城乡经济机会不均等的现象。如果听任城市工资率的增长速度一直快于农村平均收入的增长速度，那么尽管城市失业状况不断加剧，农村劳动力流入城市的现象仍会越演越烈。过量的农村劳动力涌入城市，不仅会引起城市的许多社会经济问题，还将造成农村劳动力不足。如果仍然沿用传统的解决城市失业问题的办法，仅仅创造城市就业机会，不努力提高农村收入和增进农村就业机会，就会出现一种离奇的现象，即更多的城市就业带来更高水平的城市失业。有学者认为，不宜过分扩大中、高等教育事业的投资。农村中受教育程度越高的人，他们所预期的城乡工资收入的差异越大，就越向城市流动，其结果是很难找到如愿的工作，终于加入城市中"知识失业"行列，政府对中等和高等教育的过分投资，变成了对闲置人力资源的投资，导致严重的知识浪费和知识贬值。因此，应当适当控制工资补贴与政府直接雇佣人员的数量。如果政府只考虑增加就业机会而随意给雇佣单位以工资补贴或一味增加录用人员，结果将进一步扩大预期的城乡收入差异，助长农村人口流入城市的盲目性。要从城市就业的需求和供给两个方面制定综合性的政策，关键在于摆脱只重城市的偏见，多注重农村的发展。

三、农村人力资源流动管理的政策措施

当前导致流动农民工流入城市但城乡差距还在逐步扩大的原因有两个变量：外生变量是不公正的制度、文化差异等；内生变量是个体特征、职业特征、对职业培训需求的偏好。因此，加强农村人力资源流动管理，在城乡融合进程中出台促进城乡统一的劳动力市场形成的政策措施非常必要。

（一）提升农民工的社会资本，大力发展多种形式的劳动就业中介组织

经济学理论强调市场机制的作用，认为人力资本状况在很大程度上决定了迁移者在劳动力市场中的表现。社会学家认为，劳动力市场中供给和需求的信息是不完全的，只有借助某些"非市场"的渠道才能实现信息的有效传递。调查显示，超过半数的进城农民工是通过亲戚朋友的介绍找到工作的，还有部分农民工是通过参加招聘会等形式找到工作的，不足20%的农民工通过中介公司实现就业，通过政府介绍等方式找到工作的农民工仅占一成左右。

社会资本对农民工的工作获取举足轻重。有研究证明，受教育程度每上升一级，农民工通过亲友介绍找到工作的可能性下降13.98%，而进入城市后接受过职业培训的农民工通过亲友介绍找到工作的可能性也下降14.65%。除此之外的一些人力资本因素，如受教育程度、接受培训的状况与农民工的工资水平之间也没有表现出显著的关系。劳动经济学理论认为，培训可以提高劳动者的生产率，而这种生产率提高的收益将由培训费用的承担者享受。据调查，接受过职业培训的农民工里，由企业完全负担费用的占50%，农民工自

费的占 32.6%，由政府负担费用的比例仅为 3.26%，其他情况占 14.14%。实际上，培训的收益大部分很可能为企业所获取，而没有表现为农民工工资水平的提高。实践证明，社会资本与农民工的工资水平没有表现出显著的、积极的关系。通过社会资本途径获取工作的农民工往往在人力资本方面存在劣势，而随着劳动力市场化程度的提高，人力资本方面的劣势将导致这部分农民工获得较低的工资。社会资本可以帮助农民工找到工作，但是并不能帮助农民工获得更高的工资水平。各级政府要加强社会公共事务管理、协调人民内部矛盾的职能，在改革城乡分割的户籍管理制度的基础上，给长期在城市务工的农民以市民待遇，要大力发展多种形式的劳动就业中介组织，消除对农民工在就业上的歧视和不平等，使劳动力的转移正规化、有序化。同时要逐步建立能覆盖进城农民工的社会保障体系，解除他们的后顾之忧，保持城乡的社会稳定。

（二）进一步提升农民工技能，完善和规范政府对劳动力市场的管理

制度、文化等因素对每一个进城者而言，其影响应该是等同的。但实践证明，农村高素质群体，如年轻力壮、吃苦耐劳、头脑灵活、精打细算、敢冒风险的人群，一部分已经成功转型成为城市里的精英或者白领；有部分进城务工经商人员的整体平均受教育水平不但高于流出地的平均水平，甚至也高于流入地的平均水平；而城市中的边缘者，从事社会地位低、收入不高、技术含量低的职业，他们从事的职业技术含量低，工作中的培训机会少，务工地的职业技能培训资源稀缺或者不被进城务工经商人员关注。因此，各级政府要完善和规范政府对劳动力市场的管理，要从劳动力后备资源开发的高度出发，进一步加强对外出民工就业技能的培训工作，提高进城农民的文化、技术水平，提高农民工在劳动力市场上的竞争力。完善和规范政府对劳动力市场的管理，优先为劳动力市场进行资源配置，促进劳动力流动，实现劳动力自由流动，确立统一劳动力市场的政策取向。劳动力自由流动是市场存在的前提，要实现自由流动，必须减少一些部门和地方政府采取的人为分割劳动力市场和限制劳动力流动等行为，增加劳动力流动成本的制度障碍，为劳动力市场的培育和发展提供稳定的社会环境。

（三）加大户籍制度改革力度，逐步消除城乡劳动力市场的分割状况

户籍制度改革的基础是就业制度改革和福利体制改革。在就业制度上，应建立"企业自主用人，劳动者自由择业"的就业制度。在福利制度上，要逐步将国家财政给予城市居民的暗补改为统一的社会保障体制，建立起新型的开放式的人口登记和管理制度，但户籍制度改革应采取循序渐进的方式，先在小城镇进行，取得成功并积累了经验后，再逐步展开。因为目前我国小城镇的非农业户口已经没有多少特权，改革现行户籍制度的条件已经具备。

第三节　构建与乡村振兴相适应的乡村人才体系

自中华人民共和国成立至今，我国对"三农"相当关注，并且经过努力，我国"三农"工作也取得了一定的成就。例如，我国农产品的质量和产量都有所增加，完善了相关的农村基础设施，使农民自身的生活水平得到不断提升。另外，我国在进行乡村人才建设工作方面还存在着很多问题。例如，经营管理和农业生产手段还处于非常落后的状态、乡村的精神文明水平和农村的治理工作还有待提升、农村青年劳动力出现外流严重等情况。为了能够对农村人才建设工作当中的问题进行改善，国家和党组织都在总结农业发展的历史性变革和成就的基础之上，提出了乡村振兴战略。目前，我国关于乡村人才建设工作还有很多问题，因此，如何利用人才建设工作促进我国乡村振兴战略的实施，是我国现阶段需要解决的问题之一。

一、乡村振兴战略对乡村人才建设提出的新要求

（一）需要新型农业经营主体与农业科技人才

产业发展是乡村振兴的经济基础，因此，农村产业兴旺是乡村振兴的首要任务。促进乡村产业振兴，需要引导更多的人才技术、资本等要素向农村农业流动，从而形成第一、二、三产业的融合发展，这就需要我国打破过去以家庭为主要经营生产单位和依据传统经验实施生产的模式，对区域化布局给予重视，从而推行标准化、规模化种植，实施更加专业化的生产。因此，应推动新型农业经营主体，培养农业科技人才，进行农业生产技术指导，构建专业性强的乡村人才队伍。

（二）需要绿色农业带头人

推进乡村振兴战略，以达到生态宜居，需要贯彻绿色发展理念，提升我国农村环境资源保护，维护人与自然的和谐共生。因此，需要促进我国农村传统产业的更新换代，将农民逐渐引向新业态、新经济、新产业，推动农村绿色发展、科技水平提升；要向农民宣传绿色环保理念；要建设休闲农业、生态农业、乡村建设等工作融合的农村田园综合体；要切实改进农村的生态环境保护措施，从而有效解决农村环境污染问题。为完成这些任务，需要建设培养相关的掌握绿色技能的农村产业的带头人。另外，需要将农村建设打造成寄托乡愁传承农耕文化的精神乐土，从而提升我国农民群众对于生态环境的保护意识。

（三）乡村治理水平及村民素质需提升

随着我国乡村青年人口大量外流，农民进行自治工作缺少一定的村民精英和基础存量，使乡村青年干部的数量整体比例偏低，一般都是由 40 ~ 60 岁的中老年人群构成的。尽管

这些人员在乡村治理过程中有着一定的经验，但是在掌握相关的治理方式和学习新政策的时候无法跟上社会的步伐，因此，难以适应乡村的发展。对一些普通群众来说，主动和积极参与乡村建设和治理工作的整体意愿不强，导致相关的乡村治理工作过于依赖行政力量。而且农村基层党组织整体构造涣散，部分干部作风不实，导致村庄治理容易被少数人把持，乡村内部的事务事实上并没有人负责。另外，在集体资产管理、惠农资金等方面存在私自挪用的现象。

二、乡村振兴战略下乡村人才建设存在的问题

（一）人才单向流出成为大趋势

随着工业化和城镇化的快速发展，农民对土地的依赖程度越来越低，越来越多的人以务工和求学的方式离开乡村，进入城市，谋求多方面的发展。且城市无论是教育医疗、发展环境或者是薪资待遇等方面都整体比乡村更具有吸引力。随着越来越多的人从乡村流向城市，我国现阶段的农村呈现出空心化的情况，乡村的一些人才流出造成农业生产经营的相关主体开始由青壮年逐渐转变成以妇女和老人为主，使得妇女和老人承担更加繁重的农活、家务活等，没有更多的时间学习新型的农业技术，造成农业生产相对粗放。尽管拥有了一定的农业技术，也有可能使农村人口放弃乡村事业，导致我国乡村人才队伍非常不稳定。

（二）人才培养机制有待完善

目前，我国培养农村人才的相关培养机制非常不健全，缺少系统性、科学性的人才培养管理和规划。例如，一些乡村的人才由于自身的身份限制，很难进入政府、党委的选人视野，在一些程度上也打击了人才自身的积极性。部分地区在实施基层改革工作之后，相关的编制数量也开始逐渐减少，无法留住优秀的人才，导致相关的人才队伍乏力。此外，还有一些地区由于没有经费，减少了人才的培养投入，使建设乡村人才队伍工作缺少后劲，相关工作无法到位，进而导致我国乡村建设工作出现严重的人才流失情况。

（三）缺乏相应的评价与激励机制

乡村内部人才建设统一管理机制的相关建设工作还不完善，使乡村人才在培养和使用过程中缺少相应的激励机制和考核评价机制。尽管中央、党组织出台了很多关于加强乡村人才建设工作的文件，对人才培养工作也越来越重视，对我国农村整体的扶持力度也大幅度提升，但是一直以来，我国人才队伍建设的有关评价机制一般都是由中央下发的文件，大多情况下都没有考虑到地区的特点，因此，也没有形成一个更加健全的考核体系。

三、乡村振兴战略下乡村人才建设问题的解决对策

（一）构建人才双向流动机制

人本身具有一定的能动性，通常人会根据利益最大化而选择自己的居住地和事业等。人才是乡村振兴的一个重要核心要素，农村人才单向流出会导致农村人力资源逐渐转变为城镇化的牺牲品，从而使我国的农村发展更加滞后。为了对这一问题进行有效解决，需要创建能够引导人才流动的相关机制，从而保证农村和城市的人才流动，有效解决人才单向流出成为主要趋势的问题，使一些人才能够到农村发展。而提出乡村振兴战略能够推动城乡之间的人才双向流动，并为外出的务工人员和本土大学生提供就业机会，提供一个能够展示自身技能的平台，为农村培养出综合能力强的人才。

（二）进一步完善人才培养机制

政府需要健全相关的人才培养政策，进行科技入户专业农业知识培训活动，并且组织相关的农业定点培训和专业辅导，为国家培养新型农民。这样能够帮助乡村解决人才培养机制不完善的问题。另外，可将人才引进和人才自主培养相结合，通过实践锻炼技能培训、学历教育等方式改善现阶段的农村人力资源问题，积极引导和鼓励高校毕业生到基层工作，探索创建校地、区域城乡之间的人才交流和人才培养机制，建立创新的人力资源培养模式，从而构建各具特色、功能齐全的创新创业平台，让不同类型和不同领域的人才在实际中成就自我、发挥所长，为社会培养出全面的人才，积极为社会输送人才。

（三）完善评价与激励机制

我国乡村的相关人才管理机制主要是创建相关的管理模式，并设计有针对性的考核指标，从大学生村干部和村干部当中选拔一些乡镇领导干部，激励乡村的人才工作。为此，需要增加乡村人才的实力，积极进行有关培训，解决我国乡村缺乏相应的评价与激励机制的问题，使人才充分发挥出自身的作用。对于一些引进的人才，也要制订相关的人才发展方案、晋升机制、考评制度、薪资制度、招聘制度等，从而激励和吸引更多的人才，提升现有人才对工作的满意度和积极性。

我国对乡村人才建设工作非常重视，但当前我国的乡村人才建设工作还存在非常多的问题，因此，应构建人才双向流动机制，进一步完善人才培养机制和人才评价与激励机制，以使我国的乡村人才建设工作稳定发展。

第五章　聚焦文化引领，丰富乡村全面振兴精神内涵

第一节　乡村文明的发展

一、当前我国农村文化的现状

（一）文化经费投入匮乏

改革开放以后，农村经济飞速发展，农民收入大幅度增加。但是，农村经济基础并不雄厚，加上文化观念比较淡薄，因此，对文化的投入并没有相应大幅度增加，这些因素极大地制约了农村文化的发展。文化经费不落实，普遍未纳入财政预算，没有专项建设经费，造成文化活动经费欠缺。文化活动与经济紧密相连，离开了经济，农村文化也无从谈起。即使有经济条件较好的乡镇，首先考虑的也是农业基本建设，主要是对实业的投入，如修桥铺路、造房办学，而对精神文明建设和群众文化的投入却严重不足。

（二）文化阵地设施短缺

由于文化意识淡薄，许多乡镇没有充分利用文化站的作用，使文化站闲置着，仅仅是挂一张牌，许多乡镇连最起码的阅览室都没有，文化阵地似乎遍及各村，但没有发挥出相应的效益。阵地建设名不副实。由于文化阵地设施的短缺，文化活动的开展失去依托。

（三）文化活动形式单一

目前农村文化活动形式主要有以下几种：通过文化站进行文化传播与交流、各类文化下乡活动、农民自发组织的文艺演出。虽然这些活动在某种程度上丰富了一部分人的文化生活，但也是蜻蜓点水，比较浅显，与城镇丰富的文化活动相比还是有一定距离，离农民的要求还有不小的差距。

（四）缺乏专业人才，文化队伍散乱

文化队伍在农村没有专业人才指导，乡镇普遍缺乏专职文化干部。现有的工作人员有也没有全身心做本职工作，而是做一些经济方面的工作，不能起到统领乡村文化事业发展

的作用。文化专干人员不固定，待遇差。这样文艺创作不能形成自己的阵营，不能形成地方特色。业余队伍演出水平低下，民间艺人队伍日趋减少，有的民间艺术慢慢走向消亡。农村文化活动开展是否红火，重要的是要有一支好的队伍和一批热心的文化骨干。但目前农村普遍缺少这样的一批"领头羊"，青壮年普遍外出打工，文艺人才纷纷外流，导致村民自发组织的文化群体比较散漫。

（五）文化市场管理无序，安全状况令人担忧

自 20 世纪 90 年代以来，乡镇文化市场的规划、选址、定点、初审、报批均由乡镇统筹考虑，由县级有关部门审批、发证经营。但是由于诸多方面的原因，现在的文化经营户直接向县级有关部门申报，就可取得合法经营资格。这给乡镇文化市场管理带来诸多不便，管理混乱，乡镇文化市场归县级部门直管，而文化市场量大面广，加之县级文化和旅游部门人手不够，无证经营、违法经营现象时有发生，文化市场安全状况令人担忧。

二、如何积极有效地推进农村文化建设

（一）要加强对文化站的重视

文化站是政府为向广大人民群众进行宣传教育、组织群众开展文化活动而设立的群众文化事业机构，是群众文化艺术活动的中心平台，文化站的位置、性质和功能是由社会和群众文化需要决定的。因此，要充分重视文化站的作用。

（二）抓好农村文体设施建设

这是开展文化活动的基本条件，也是开展文体工作的关键。但是，有些乡镇存在片面追求经济效益，忽视精神文明建设现象。要根据乡镇农村人口布局、地域特点、经济条件有计划地创建一批具有实用价值的文化设施，也可以利用现有的文化设施进行改造。

（三）稳定文化员队伍

乡镇文化员为活跃农村群众文化生活、推动农村精神文化建设，立下了汗马功劳。政府要顾全大局，增加文化事业经费的投入，稳定文化队伍，为乡镇文化站的工作人员创造出一个良好的工作环境，要有计划地培养一批有真才实学的文化站专业干部队伍，为农村群众文化事业注入新的生机和活力。

（四）抓好农村文体网络建设

选择合适的方式把广大农村中具有参与文化活动兴趣和志愿的农民朋友组织起来，形成一个文化活动群体。建立农村文化网的关键是要找准结合点，把文化网建设纳入创建社会主义新农村的目标中，积极培养农村业余文艺团队。农村的文艺团队是农村文化建设的主力军，它在很大程度上决定了农村文化建设的发展水平。同时，要发挥"点"的导向作用，开展网点结对，采取"抓大带小"、以强扶弱的策略，根据辐射效应，带动文化力量较弱的村落。

（五）积极开展丰富多彩的文化活动

开展内容丰富、形式多样的文化娱乐活动是农村文化建设的重点。一是要大力宣传党在农村的方针政策，以群众喜闻乐见的方式，把党的农村政策和中心任务及时送进农村的千家万户。二是要弘扬主旋律，坚决扫除黄、赌、毒、封建迷信等社会丑恶现象，结合社会主义理想信念教育，把农村典型的好人好事搬上舞台，让农民自演自娱，在娱乐中得到启发教育和鼓舞。三是抓好家庭文化建设。家庭文化是村落文化的一个重要组成部分，通过大力开展家庭文化活动，在农村形成讲科学、讲文明、讲道德的新风尚。四是抓好民间文化挖掘利用。民间文化是村落文化的源头，这些文化遗产不仅富有生活气息，而且对村民最具感召力。

随着社会经济的发展，农村的经济结构、经营方式、生活水平等都发生了巨大变化，对农村文化的发展也有了新的要求。只有物质文明与精神文明双管齐下，才能真正建设好社会主义新农村。

第二节　培育文明乡风

乡村振兴战略实现的过程是引领农村经济发展的过程，也是引导农村发展精神文明的过程。经济可称之为乡村振兴之形，精神才是乡村振兴之魂。所以，在推动乡村振兴战略的过程中，不仅要重视塑形更要重视铸魂。基于此，在社会主义新农村建设中务必要重视文明乡风的培育。

一、文明乡风的作用

（一）为乡村振兴提供强大动力

在乡村振兴战略的推进过程中，农民群众既是战略实施的主体，也是战略发展的主力军。所以在实施乡村振兴战略的过程中，必须要高度重视农村群众素质的提升。文明乡风建设有助于引导农村地区的人心向善、行为规范、团结协作等，对鼓励农民群众克服困难、坚定信心、发展经济有重要作用，同时还有助于引导农村地区抛弃陋习陋规，转变落后观念，养成良好的生活习惯和道德水平。此外，通过培育文明乡风，还能更好地团结人心、激发农民群众的创造力和主动性，为乡村振兴提供强大的精神动力。

（二）为农村民主建设奠定基础

农村民主建设对建设社会主义新农村有着非常重要的意义，而其前提条件是广大农民群众必须要具备良好的民主意识及民主生活习惯。通过文明乡风建设，有助于农民群众增强农村发展的主人翁意识和主观能动性，一方面能够积极主动地遵守各种民约乡规，另一方面在参与各种公共事务方面具有更高的热情，这都是良好民主作风的体现。所以说，在文明乡风的引导下，我国农村地区的民主建设速度必然会不断加快。

（三）是农民精神文明需求的重要内容

乡村振兴战略不仅要推动农村的物质文明建设的发展，更要塑造良好的精神文明。具体来说，农村地区的精神文明集中体现在健康生活方式、和谐的邻里关系、安定的村落生活、有序的生活环境等，这些都可以通过文明乡风建设来逐渐引导。对广大农村群众来说，都希望生活在一个具有良好社会风尚且物质生活得到满足的环境。所以，文明乡风建设是精神文明建设的重要组成部分。

二、文明乡风建设存在的主要问题

（一）基层领导的重视程度不足

在乡村振兴战略推动过程中，一些基层领导对乡村振兴战略的认识不够全面，集中体现在以下几个方面：一是希望一蹴而就，所以过分看重各种指标的提升；而文明乡风建设短时间内看不到成效并且其成果难以考核，所以往往不愿意投入精力和资源。二是过于看重经济建设，认为经济建设才是乡村振兴战略的内容，所以在精神文明建设方面缺乏重视。基层领导重视程度不足，对文明乡风建设有很大的制约。

（二）社会风气缺乏正确引导

就我国广大农村地区的现实状况来看，存在着诸多不良社会风气，需要实施强有力的引导和改变。

（三）缺乏文化建设动力

广大基层地区，特别是农村地区在文化建设方面人才严重匮乏，所以能够提供的文化支持不足。同时，对广大农村群众文化需求的引导力度较弱，也缺乏有效的组织，使农村地区的文化建设缺乏动力。人们在农闲的业余时间，文化活动、休闲娱乐活动有限——除了看电视就是麻将打牌，其他方面几乎无可选择。有限的文化活动，大多是基于上级要求而举行的，农民群众没有自发开展文化活动的热情。上级组织的文化下乡活动，诸如较为常见的送戏下乡、送书下乡等，虽然群众非常喜欢，但对于引领文化建设难以发挥显著效果。文化建设的不足，对文明乡风的培育是不利的。

三、文明乡风建设策略

（一）坚持党建引领文明乡风培育

坚持党建引领文明乡风培育，属于社会主义新农村建设的重要内容，所以必须要坚持党的领导，充分发挥基层党组织的作用。我国在广大农村地区，建立了广泛的基层党组织，他们是农村建设的领导者，是乡村振兴的领路人。文明乡风建设是乡村振兴战略推进的重要组成部分，应当在农村基层党组织的带领下展开建设。因此，必须要持续强化农村基层党组织的凝聚力、创造力和战斗力，为文明乡风建设提供有效的政治保障。

（二）加强思想引导

国家的涉农政策，必须要在农村地区展开全面的宣传和普及，尤其针对热点问题，务必要帮助农民群众真正了解政策的指导思想、排除心中的疑惑、建立坚定的发展信念；同时还要加强对农民的思想引导，从而使农民群众坚定地在党的领导下开展乡村振兴。在思想宣导的过程中，要采用农民群众喜闻乐见的形式和语言，不断扩大社会主义核心价值观的影响，在广大农村地区树立知荣辱、讲正气、促和谐的风尚；另外要重视科技下乡、知识下乡，逐步提升农民群众的文化素质。

（三）培育文明新风

文明乡风的培育就是树新风的过程，也是移风易俗的过程，因此，我们必须要摒弃陈规陋习，这些不良习俗必须要从根本上予以改变，才能让文明新风吹进农村。古语有云："求治之道，先正风俗。"在扭转陈规陋习的同时，通过签订《村民公约》、文明协议等方式，逐步树立良好的农村新风尚。

（四）强化实践养成

文明乡风建设的实践养成，一方面要通过活动，另一方面要通过文化。组织和引导农村群众开展各种农民喜闻乐见且易于参与、积极向上的文化活动，深化乡风文明实践。同时，重视各种文化阵地的作用，诸如科技书屋、文化活动中心等等，使农村群众能够充分接受新思想、新意识。这对于除陋规、树新风有非常积极的意义。

综上所述，培育乡风文明对于乡村振兴战略的实施具有非常重要的意义。我们务必要坚持党建引领，加强思想引导、培育文明新风，强化实践养成的策略，积极推动乡风文明建设。

第三节　巩固乡村振兴的文化主阵地

一、加强领导，积极健全宣传思想文化工作机制

成立由宣传、文化、教育、民政、共青团、妇联、组织、卫生、计划生育等部门主管领导为成员的农村思想文化阵地建设领导小组，健全制度，落实责任。结合乡镇文化站、农家书屋、村文化室、图书室等硬件建设，让广大农民学有所识、学有所乐、学有所用，从思想意识上认识到先进文化的重要性。

二、强化教育，提高干部群众的思想文化素质

以"干部受教育，农民得实惠"为目标，认真解决农村维护稳定、干部思想作风、工作作风等方面存在的问题，加强对基层干部进行党的农村政策和市场经济知识、先进科学文化和法治观念教育，确保农村稳定、农村增收。大力开展《公民道德建设实施纲要》宣传教育活动，树立正确的道德观、法制观，提高道德水准。

三、科技兴农，加大农村科技文化教育力度

针对广大农民对科技知识的渴望越来越强的现状，大力开展科技教育和科技培训，通过"科技扶贫"和"科技下乡"等活动普及科技知识，提高广大农村干部、农民群众的科技文化素质，为留守妇女和90%以上的农村基层干部举办不同程度的科技培训。在加强科技服务、完善服务网络方面，引导农民学科技、用科技，将农业科技知识应用到农业生产中，以科技促进生产，以科技转变观念。

四、统筹兼顾，全面拓展宣传文化阵地功能

农村宣传思想文化阵地基础在建设，核心在使用。在充分发挥宣传党内外重大方针政策、促进文化生活发展、丰富群众精神文明生活的"主阵地"作用的同时，坚持"以人为本"的服务理念，充分发挥人民群众的主人翁地位，以"四构建"充分发挥农村宣传思想文化阵地作用。一是构建基层政治宣传中心。结合村级组织活动场所、党员群众现代远程教育工程，定期、不定期宣传国家重大方针、时事动态等，增进群众对国家重大时事、社会发展的了解，确保党中央精神和国家政策深入基层、深入群众。二是构建为民便民服务中心。紧紧依托党群服务直通工程、农村书屋等惠民利民项目，积极宣传法律法规、建房审批、户籍管理、计生政策、劳务信息等群众急于了解和掌握的信息，增强群众的法律法规领悟能力，促进基层稳定和谐。三是构建以舆论导向为中心。紧紧依托于党员干部现代远程教育信息含量大、流通速度快、传播范围广的特点，积极更新、播放农技知识，宣传健康生活方式，倡导健康文明新风尚，使科学文明新风尚占领农村思想文化阵地。四是构建文化活动中心。结合农民体育健身工程、文化共享工程等设施功能，宣传各种爱国主义精神、科学发展精神、求真务实精神，积极开展各种文娱表演活动，在切实丰富基层群众生活的同时，促进基层的健康持续和谐发展。

五、整合资源，强势推进宣传文化阵地建设

在推动农村宣传思想文化阵地建设过程中，紧紧依托村级组织活动场所建设"三注重"，切实将宣传思想文化阵地打造为农村宣传思想文化活动中心。一是注重科学规划。

将农村宣传思想文化阵地建设纳入"美好乡村"示范村建设规划，并与村级组织活动场所建设相统筹，充分依托村级组织活动场所地理位置适中、方便党员群众、便于发挥作用的特点，同时，立足实际、因地制宜，将宣传思想文化阵地建设纳入村级整体规划中。二是注重优化项目，统筹建设。本着积极协调、整合项目的原则，通过新建、改建、合建等方式，将农村宣传思想文化阵地与村级组织活动场所、党员干部现代远程教育站点、农民书屋、体育健身工程等项目整合，实现资源共享，填补资金缺口。三是注重强化监管。在农村宣传思想文化阵地建设中，加强对招投标、项目资金的监管，同时加强惩处力度，杜绝侵占、挪用等违规违法行为的发生，确保宣传思想文化阵地建设顺利进行。

六、资源共享，充分发挥农民剧团的宣传优势

目前，全国各县市均有农民文化艺术团，有的地区达百家之多，他们常年活跃在各个乡村，通过他们的演出，为广大农民灌输先进的思想文化，是一个很大的宣传平台。他们编排反映计划生育、尊老爱幼等小戏、小品，深受农民群众的喜爱，农民津津乐道地称赞这是乡村精神文明的传播者，为此，文化部门要整合这一资源优势，鼓励和引导他们创编歌颂新农村建设中涌现出的新人、新事、新风尚。

七、联手推进，积极构建文化大格局

县市文化馆、图书馆、地方剧团应共同联手，形成文化的大格局，创作编排先进文化思想和寓教于乐的精品文艺节目，常年送图书、送戏曲、送科技图板下乡，在逢集和逢会期间下乡宣传，这样能够起到事半功倍的效果，同时，还可以举办大型群众文化活动，根据当地的文化资源优势，举办农民剪纸文化节、农民曲艺文化节、民舞、文艺汇演等，现在各县市均有国家级和省级以及县市非物质文化遗产项目，也可以利用这一资源优势，下大精力、大功夫，把静态的变为动态的，把动态的变为活态的，让农民都参与到这个活动中来，增强他们热爱家乡、奉献家乡的真情实感。

八、注重宣传，抓好"道德模范人物和中国好人榜"的评比工作

目前，全国已连续多年开展"道德模范人物和中国好人榜"评比工作，各县市应抓住这一难得的机遇，认真组织，积极评选，营造声势，广为宣传。通过群众的推荐评比，农民们看到了自己身边的典型人物，同时也自觉地向典型人物学习。通过此类的活动评比，使文明建设和思想文化活动，普及到农村的各个角落，影响一大批人才自觉加入学习科技知识、共奔小康的致富队伍上来。真正地巩固农村宣传思想文化阵地，让广大农民在党的富民政策下，境界开阔、精神愉悦、目标远大、干劲倍增。

第六章 加强生态建设，共创美丽乡村

第一节 生态文明乡村建设

生态文明意味着人类在处理人与自然、个人与社会的关系方面达到了一个更高的文明程度。党的十九大提出坚持农业农村优先发展，按照"产业兴旺、生态宜居、乡风文明、治理有效、生活富裕"的总要求实施乡村振兴战略，对农村生态文明建设赋予新的要求。

一、农村生态文明概述

（一）农村生态文明

2005年10月11日，党的十六届五中全会通过了《中共中央关于制定国民经济和社会发展第十一个五年规划的建议》，提出要按照"生产发展、生活宽裕、乡风文明、村容整洁、管理民主"的要求，扎实稳步推进新农村建设。2007年10月，党的十七大报告提出要深入落实科学发展观，"必须坚持全面协调可持续发展。要按照中国特色社会主义事业总体布局，全面推进经济建设、政治建设、文化建设、社会建设，促进现代化建设各个环节、各个方面相协调，促进生产关系与生产力、上层建筑与经济基础相协调。坚持生产发展、生活富裕、生态良好的文明发展道路，建设资源节约型、环境友好型社会，实现速度和结构质量效益相统一、经济发展与人口资源环境相协调，使人民在良好生态环境中生产生活，实现经济社会永续发展"。2012年11月，党的十八大提出，"全面落实经济建设、政治建设、文化建设、社会建设、生态文明建设五位一体总体布局，促进现代化建设各方面相协调，促进生产关系与生产力、上层建筑与经济基础相协调，不断开拓生产发展、生活富裕、生态良好的文明发展道路"。2017年10月，党的十九大强调，"必须树立和践行绿水青山就是金山银山的理念，坚持节约资源和保护环境的基本国策，像对待生命一样对待生态环境，统筹山水林田湖草系统治理，实行最严格的生态环境保护制度，形成绿色发展方式和生活方式，坚定走生产发展、生活富裕、生态良好的文明发展道路"，必须始终把解决好"三农"问题作为全党工作的重中之重，"坚持农业农村优先发展，按照产业兴旺、生态宜居、乡风文明、治理有效、生活富裕的总要求，建立健全城乡融合发展体制机制和政策体系，加快推进农业农村现代化"，彰显了农村发展对生态文明建设起着举足轻重的作用。

我国是一个农业大国，农村生态文明建设进程关系到整个国家生态文明建设的进程。因此，建设生态文明的首要任务就是要加强农村生态文明建设。生态文明包含丰富深刻的内容，它至少包括科学的生态发展意识，健康有序的生态运行机制，和谐的生态发展环境，全面、协调、可持续发展的态势，经济、社会、生态的良性循环发展，以及由此保障的人和社会的全面发展。农村生态文明主要是指自然生态环境与农村的关系，良性的生态环境能促进农村的发展，因此，在农村农业生产中要着力形成和谐、良性、可持续的发展势头。

（二）农村生态文明建设的内容

按照生态文明的应有意义，农村生态文明建设必须实现社会生产方式、生活方式特别是人的思维观念的生态化转变，创造经济社会与资源、环境相协调的可持续发展模式，建设经济活动与生态环境有机共生、人与自然和谐相融的文明农村。具体应包括以下几个方面：

（1）加强农民组织建设，促进小农户之间的联合，以扩大生产经营规模、提高风险承担能力。通过引导、培训等方式加强组织的自身能力建设，提高其市场竞争力。加大对生态农业的扶持力度。例如，在从事生态农业种植、加工的经营者给予财政贴息、资金补贴、对通过认证的生态食品基地退还认证费用等方面。加大生态食品的宣传力度，让生态食品能够得到消费者的认可，提高经济效益。

（2）以广泛调查与基层实践（如试点建设、生态农业试验等）为基础，摸索在经济、技术上可行且符合农村实际情况与农民需求的生态文明建设模式。要避免"用政府的思维办农民的事"及"用城市的思维办农村的事"，如政府未广泛征求农民意见或是直接沿用城市的环境治理技术解决农村环境问题等。

（3）逐步建立农村生态环境保护财政支出不断增长的长效机制。加大对农村地区生态环境保护、基础设施建设、技术支撑体系、生态补偿、宣传教育等方面的投入，转变以往的补贴方式。政府应将财政支持的重点从用于治理污染改变为支持使用农家肥、低排放的有机小农，支持循环农业，以恢复农业有机生产的外部激励机制，发挥传统有机小农的成本优势和生态优势。

（4）以填补立法空白为突破口，建立健全农村环境保护监管体制。在此基础上明确各部门权责，促进部门间形成合力以推进环保工作。同时，把农村环境保护和综合整治情况作为领导干部政绩考核的重要内容和干部提拔任用的重要依据，充分发挥其对政绩考核、干部任用的杠杆和导向作用，推动各级干部自觉重视并抓好农村环保工作，以此促进地方领导政绩观、发展观的转变。

（三）实施乡村振兴战略背景农村生态文明建设的主要内容

2017年10月，党的十九大提出，农业农村农民问题是关系国计民生的根本问题，必须始终把解决好"三农"问题作为全党工作的重中之重，必须树立和践行绿水青山就是金山银山的理念，坚持节约资源和保护环境的基本国策，像对待生命一样对待生态环境，统筹山水林田湖草系统治理，实行最严格的生态环境保护制度，形成绿色的发展方式和生活方式，坚持走生产发展、生活富裕、生态良好的文明发展道路，建设美丽中国，为人民创造良好的生产生活环境，为全球生态安全做出贡献。尤其是提出实施乡村振兴战略，"要坚持农业农村优先发展，按照产业兴旺、生态宜居、乡风文明、治理有效、生活富裕的总要求，建立健全城乡融合发展体制机制和政策体系，加快推进农业农村现代化"。党在新的历史阶段中提出的新的发展理论确立了农村建设的新目标，表明全面建设社会主义新农村不仅要发展物质文明、精神文明和政治文明，而且要建设农村生态文明。因此，在实施乡村振兴战略背景下，加强农村生态文明建设。首先，要考虑在生态文明理念下加强农村建设，把人与自然的关系纳入经济社会发展目标中来统一考虑，将资源的接续能力和生态环境的容量作为经济建设的重要依据，推动农村经济社会发展与资源节约环境友好相互推动、相互协调。其次，要建立"资源节约型、环境友好型"的现代农业生产方式、生活方式和消费方式，让生态文明的观念落实到农村的企业、家庭和个人。最后，要建设良好的农村人口居住生态环境，提升农村和农业的可持续发展能力，转变农业发展方式、优化农业结构，实现农业的优质高产和生态安全的总体目标，走出一条有中国特色的农业现代化道路和城乡经济社会融合发展道路。

二、加强农村生态文明建设的意义

当前，我国经济已由高速增长阶段转向高质量发展阶段，正处在转变发展方式、优化经济结构、转换增长动力的攻关期，必须在继续推动发展的基础上，着力解决好发展不平衡、不充分的问题，大力提升发展质量和效益，更好地满足人民在经济、政治、文化、社会、生态等方面日益增长的需要，更好地推动人民的全面发展、社会的全面进步。加强农村生态文明建设，对建设美丽中国、为人民创造良好生产生活环境、决胜全面建成小康社会、夺取新时代中国特色社会主义伟大胜利具有重大现实意义和深远历史意义。

（一）为改善和保障民生、维护农民环境权益提供了实现途径

我国是一个农业大国，近年来由于工业化、城镇化的高速发展，城市和工业的污染向农村转移，城乡二元体制使有限的环保资源主要被配置在城市、工业，形成环境保护和治理上的城乡二元结构，全国4万多个乡镇绝大多数没有环境保护的基础设施，60多万个村镇绝大多数没有条件治理环境污染，加之农业发展方式依然粗放、耕地大量减少、人口资源环境约束增强、气候变化影响加剧、自然灾害频发，致使我国广大农村生活污染、水源污染、水土流失、土地沙化、生态功能退化等环境恶化。全国尚有2.5亿农村居民喝不上干净的水，农村因为环境污染和生态破坏引发的投诉和群体性事件呈上升趋势。广大农民的环境权益受到侵害，严重有悖于"以人为本"和"城乡居民基本公共服务均等化"的要求。加强农村生态文明建设，为维护农民的环境权益，要用统筹城乡的思路和办法来改变农村包括环境治理和保护在内的社会事业发展滞后状况，统筹土地利用和城乡规划，合

理安排农田保护、村落分布、生态涵养等空间布局，为实现城乡经济社会融合发展提供实现途径。

（二）为破解凸显的食品安全问题找到了出路

国以民为本，民以食为天。农村生态文明建设不仅关系到农村的发展，也直接关系到城市和全社会的发展。不保护好农村生态环境，最终受伤害的不仅是农民，更是全社会所有成员。在我国广大农村，每年有90多亿吨污水任意排放，2.8亿吨生活垃圾随便倾倒。日益凸显的食品安全问题要想得到根本的解决，就必须从源头抓起。加强农村生态文明建设，就是要转变传统农业生产方式，建设"资源节约型、环境友好型"的现代农业生产体系，以农村生态环境保护为核心，以节地、节水、节肥、节能等提高资源利用效率为重点，通过建设农村"清洁田园、清洁家园、清洁水源"，保证城乡居民的"菜篮子""米袋子"和"水缸子"安全，保证城乡居民拥有干净的水、清新的空气和健康的食品。

（三）为实现农业可持续发展创造了条件

加快推进农业农村现代化，必须大力发展节约型农业、循环农业、生态农业，加强农村生态环境保护；必须延长天然林保护工程实施期限，巩固退耕还林成果，推进退牧还草，开展植树造林，恢复草原生态植被，提高森林覆盖率；必须强化水资源保护，推动重点流域和区域水土流失综合防治，加快沙漠化治理，加强自然保护区建设，多渠道筹集森林、草原、水土保护等农村生态效益补偿资金；必须推进农林副产品和废弃物能源化、资源化利用，推广农业节能减排技术，加强农村工业、生活污染和农村水源污染防治。因此，只有加强农村生态文明建设，坚持"经济生态化、生态经济化"的发展方针，才能实现我国农业的可持续发展和人与自然的和谐发展。

（四）全面建成小康社会的重要途径

当前，农村依然是我们全面建成小康社会进程中的短板，只有加快推进农村生态文明建设，引导农民树立正确的生态观及和谐发展、可持续发展的科学理念，摒弃非环保、不科学的生产生活方式，才能使农村土地资源、水资源、生物资源等得到基本的保护，才能为农村发展留下充足空间。随着经济社会的发展，人们已深刻地认识到，生态环境与生产力的发展密切相关，保护和改善生态环境就是发展生产力。与先污染后治理、先破坏后保护的传统思路相比，生态文明建设为人们开辟的绿色发展新路，有利于实现"人—自然资源环境—农业"的良性互动。实现全面建成小康社会，必须切实保护生态环境，促进人与自然的和谐发展，进而推动农村经济社会发展以及农村全面建成小康社会的实现。

三、农村生态文明建设存在的主要问题

（一）对农村生态发展问题的总体战略性定位缺失

中华人民共和国成立以后，大规模开展工业化建设，农村为城市和工业发展提供了大

量原料，而社会管理的城乡二元化结构也逐步形成。改革开放以来，农村经济社会整体得到快速发展，但在工业化和市场化的刺激下，资源过度开发、过量使用农药化肥、乡镇企业无规则排污和城市污染向农村转移等导致了农村生态环境的急剧恶化。这种"以牺牲结构和资源为代价换取发展"的模式导致农村陷入"发展不足与保护不够"的尴尬境遇。这不仅反映了工业化时代背景下农村生产生活方式的社会转型困境，也反映了国家对农村生态发展问题的总体战略性定位缺失。

农村有不同于城市的生态系统和功能定位。由于农业的自然属性和农村的散居式生产方式，使其不利于采用城市的管理手段，盲目地模仿工业化发展模式、激进地推动城市化建设，使农村在摧毁已有生产生活方式的同时，新的生产生活方式还没有形成，反而导致农村的不稳定因素扩散。而城乡一体化建设中市场和公共服务体系的滞后，更加剧了城乡之间同物不同价、同事不同办的差异。蔓延式的小城镇建设，由于违背市场经济规律、以行政命令操作，致使耕地大量被吞噬、垃圾污染快速向农村转移、相应的环境基础设施和队伍保障缺失，无论是城镇还是农村，环境都迅速恶化。因此，不切实际的一体化和单纯的集聚化不能从根本上解决农村生态问题。究其原因，一方面是长期以来已经形成的经济、社会结构性问题、资源禀赋问题的全面爆发；另一方面也反映了在国家总体发展规划和制度设计上，城市和农村、工业和农业、市民与村民之间利益分配的失衡，使农村资源开发利用、环境保护和社会建设都处于弱势地位。

（二）农业生产模式制约与基础设施建设及科技支撑投入不足

首先，超小农生产模式是中国农业污染的一个重要原因。目前，广大农村地区以数量庞大、高度分散、生产规模细小为特征的超小农生产模式，不但对生态环境产生负面影响，而且制约着生态农业的发展。作为农业生产的主体，小农户在三十年来的市场化进程中，其经济活动的自主性在增强。但作为农业污染主体，由于缺乏技术指导、法律规范等原因，其行为受到的约束性减弱。这是造成中国农业污染问题的原因之一。为实现有限资源下的成本最小和产出最大，小农户普遍采取大量使用化肥、农药，而不是有机化肥、生物防治等方法来提高单位面积产量和抵御病虫害。同时，由于技术服务体系不完善、法治不健全等因素，造成化肥施用不科学、利用率低，农药使用剂量大、毒性高等问题。此外，随着不可降解塑料农膜的大范围使用，农村土壤结构的破坏也越发严重。这些都使农产品质量下降、土地肥力降低、农业水源污染问题更加突出。

其次，农村基础设施建设投入严重不足导致农村环境污染问题突出。长期以来，城镇地区的交通、能源、供水、排污、教育、医疗卫生等基础设施建设以及生态环境保护等方面的投入基本由国家财政支付，但是对于地广人多的农村地区，投入却十分有限。而且，有限的资金又分散于多个部门，再加上地方政府配套能力不足，使资金更显匮乏且使用效率低下。目前，很多城市的生活垃圾处理系统、生活污水排放管网已经建成并日趋完善，而广大农村的公共卫生设施却极端缺乏，环境卫生状况处于无管理或半管理状态。当前，农村地区生产、生活污水的排放量，垃圾的数量和种类都在迅速增长，落后的基础设施与日益加大的污染负荷之间的矛盾正日益突出。

最后，缺乏面向农村地区生态经济系统的科技支撑体系。农村地区生态经济系统的科技支撑体系，主要是指农业生产和废弃物处理等方面的技术供给与服务体系。它是连接生态系统和经济系统的中介，对人与自然的和谐共生发挥有重要作用。但是，当前适用于农村的技术支撑体系存在着不同程度的缺失，相关技术的供给无法满足农民的需求。在农业生产技术研发环节，科研人员的研究方向与农民实际需求相脱节，或没有考虑农民对技术的承受能力，使研究成果难以应用，影响了农业生产技术的进步；在技术推广环节，缺乏针对小农户分散经营方式的农业技术服务体系，加上政府投入不足，造成基层农技人员下乡积极性较低，使农村技术服务体系的供给严重不足；在农村废弃物处理环节，由于缺少优惠政策、资金投入及社会关注，致使农村环保适用技术的开发和推广薄弱。目前，普遍缺乏农村生活垃圾资源化利用、秸秆综合利用、畜禽粪便综合利用、污染土壤修复等技术，尤其缺少投入、运行费用低、操作维护简便的生活污水处理技术。

（三）农村环保法治体系建设滞后

2008 年以来，国家高度重视农村环境污染防治和节能减排，修订了《水污染防治法》等法律，制定出台了《基本农田保护条例》《秸秆焚烧和综合利用办法》等法规条例，《环境保护法》也正在修订，很多学者提出在其中增加农村环境保护的相关内容。但从总体上来看，距离生态文明建设的实际需要还有很大差距。

第一，生态安全保障性法规立法滞后，表现为数量滞后和质量滞后。数量上，除国家相关政策外，在法律法规中也极少对农村生态文明建设事项做出明确规定。质量上，对农村生态文明建设做出规定的纲领性法律法规没有出台，而相关法规也存在"碎片化"情况；农业法、农村经济行政法规比较多，但符合生态文明理念和市场经济要求的法规极少，关于农产品绿色流通、居民生活环境保护、农民权益保障的法律法规欠缺。生态文明建设相关法规修订滞后，难以满足不断深化的建设需要。

第二，在主客观因素的影响下，生态执法能力建设不足。农村地域广阔，生产生活区域分散，导致执法过程中普遍存在取证难、认定难的问题；基层执法的设施设备落后，执法主体人员少、依法行政观念薄弱、素质不高，影响执法质量和效率；立法不足，使执行中可塑性太强，自由裁量空间太大，造成法规执行随意性强，对违法企业的处罚力度、执法力度不足，个别地方甚至执法犯法，降低了法规的权威性和实际执法的效果。

（四）农村资源环境管理机制体制不健全

随着城乡收入差距的日益拉大，增加农民收入成为农村发展的第一要务，因此，为了一时的经济增量而牺牲环境的行为在各地农村极为普遍。同时，受城市工业化高耗能、高收益发展方式的影响，许多农村居民对生态问题的理解还处于无意识状态。在此背景下，生态文明的美好未来还不足以激励广大村民约束自己的行为，切实可行的管理制度才是推动生态文明建设的必要手段。较之城市环境治理成效的凸显，农村环境没有大的改变，其中一个重要原因是当前农村资源环境管理体制难以满足实际需求，规划、管理、治理制度未能跟上生态文明建设本身的进程。

第一，管理体制薄弱。在国家层面，虽然有环保、林业、农业等职能部门积极推进农村生态文明建设，但并未形成综合性的决策管理机构，导致各项生态建设政策缺乏统一部署，而基层乡镇规模大小不一，特别是经济欠发展地区受经费、人员等影响，对生态文明建设的职能定位不清，并明显存在监管力量不足的问题。以环保系统为例，在省市县三级已经全面设立环保专职机关，在乡一级却未设立专门的生态环境部门或配备专职工作人员，且设备落后，不利于监管职责的发挥。

第二，组织实施的机制分散。就农村环境治理单项工作而言，发改委支农项目重点支持农业和农村基础设施建设、农村社会事业，农业农村部开展测土配方施肥、户用沼气、农业综合开发项目，水利部开展农村饮水安全工程，卫健委推行农村改水、改厕项目等。由于这些项目都是按照部门职责归口组织实施，因此在管理上就形成了多个部门"齐抓共管"的模式。这一模式的优势是有利于发挥各部门在农村改革和生态文明建设中的作用，但容易导致重复建设、重复投资和监管空白、激励空白。

第三，缺乏长效资金投入机制。农村的生态文明建设，不仅要下大力气进行农业产业结构调整，还需要加强农村基础设施等建设，保障资金投入，进行农村生态环境的综合治理。目前，在我国农村基层政府普遍财力紧张、农民收入不高的情况下，不可能要求农民将"生计资本"投入生态建设中，因此仅仅依靠基层和农民自给自足式发展是明显不足的。

（五）农村居民生态环境保护意识淡薄

工业化、城市化和农业现代化是中华人民共和国成立以来的基本发展战略。到20世纪70年代，环境保护才被提上政府议程，80年代环境保护成为基本国策，90年代开始实施可持续发展战略，21世纪开始实施生态文明战略。但是战略设计与实际执行仍然存在较大的距离，其中一个原因就是人们的观念和利益取向没有发生根本转变。

第一，一些基层政府的政绩观错位，特别是经济发展相对落后的西部地区，仍然将GDP增长、财税收入等放在更为重要的位置，为追求经济增长速度不考虑生态环境质量的现象仍然比较突出。

第二，在农村地区，由于受教育程度和经济发展水平较低，导致包括部分基层领导干部在内的广大居民环境意识不高，缺乏生态文明认识，对生态破坏和环境污染的潜在危害缺乏了解或根本不了解。例如，生活垃圾随意丢弃与焚烧、生活污水随意排放到水渠和沟渠，造成土壤和地下水二次污染；部分地区乱砍滥伐、毁林毁草开荒等现象屡禁不止等。

第三，农村居民对自己在生态建设中的主体地位不明确，从众心理强，主体意识、自主意识较弱，大都一味将经济增长和收入提高作为生活良好的主要标志。尤其是小农经济的生产方式决定了农村居民有保守、分散、缺乏凝聚力、缺乏公共精神等特点，由此引发了一些破坏生态环境的行为。例如，为了追求土地高产，大量使用化肥和农药而破坏土壤平衡，大量使用地膜并留有残余使土壤丧失自我调节恢复能力；部分地区农民在收获季节，不顾各地出台的禁止焚烧秸秆等措施与办法，为减少麻烦，趁无人监管的午间或夜间大量焚烧秸秆，对当地空气质量及耕地造成极大破坏等。

四、农村生态文明建设的方向

基于中国农村的现实处境，我国农村的生态文明发展应着力解决环境问题，加大生态环境保护力度，改革生态环境监管体制，推动绿色发展，走效益型的发展道路，把绿色产业作为农村经济的发展方向。

（一）发展理念方面

建设生态文明是人类社会行为模式的一次深刻变革，必须转变和更新思想观念。习近平总书记指出，把生态文明建设融入经济、政治、文化、社会建设各方面和全过程。绿色化是以习近平同志为核心的党中央继"四化同步"战略以后确立的新的发展战略，并由此一并成为统筹经济社会和生态系统协调发展的"五化协同"战略。从实践层面来看，绿色化是"五位一体"中国特色社会主义建设事业总布局重要组成的生态文明建设治国理念的具体化、可操作化。

换言之，绿色化是建设生态文明的重要路径、方法和手段。因此，必须把绿色化内化为农村生态文明建设的重要路径和重要抓手，以大力发展绿色产业和绿色经济为引领，以实质创新、应用和推广一批绿色核心技术为突破口，以大力发展生态农业、全面构筑现代绿色农业产业发展新体系。目前，在城市和农村中"重经济轻环境、重速度轻效益、重局部轻整体、重当前轻长远、重利益轻民生"等问题仍然存在，甚至不惜以牺牲生态环境为代价片面追求 GDP 的高速增长。因此，要在各级领导干部和广大群众中深入开展科学发展观和生态文明理念教育，尤其要把生态道德纳入社会运行的公序良俗，切实转变农村中各种不符合科学发展观和生态文明要求的思想观念、发展方式和陈旧习惯。

（二）资源循环利用方面

2016 年 8 月，农业农村部、国家发展改革委等六部委印发了《关于推进农业废弃物资源化利用试点的方案》，提出农业废弃物资源化利用是农村环境治理的重要内容。强调要围绕解决农村环境脏、乱、差等突出问题，聚焦畜禽粪污、病死畜禽、农作物秸秆、废旧农膜及废弃农药包装物等五类废弃物，以就地消纳、能量循环、综合利用为主线，采取政府支持、市场运作、社会参与、分步实施的方式，注重县乡村企联动、建管运行结合，着力探索构建农业废弃物资源化利用的有效治理模式。提出力争到 2020 年，试点县规模养殖场配套建设粪污处理设施比例达 80% 左右，畜禽粪污基本资源化利用；病死畜禽基本实现无害化处理；秸秆综合利用率达到 85% 以上；当季农膜回收和综合利用率达到 80% 以上；废弃农药包装物有效回收利用。通过试点，形成可复制、可推广、可持续的模式和机制，辐射引领各地加快改善农村人居环境，建设美丽宜居乡村。

据农业农村部、生态环境部估算，全国每年产生畜禽粪污约 38 亿吨，综合利用率不到 60%；每年生猪病死淘汰量约 6000 万头，集中的专业无害化处理比例不高；每年产生秸秆近 9 亿吨，未利用的约 2 亿吨；每年使用农膜 200 多万吨，当季回收率不足 2/3。这些未实现资源化利用无害化处理的农业废弃物量大面广、乱堆乱放、随意焚烧，给城乡生态环境造成了严重影响。这些废弃物既是造成面源污染的源头，又是农业生态系统的重要养分来源。只有放错了位置的资源，没有不可利用的垃圾。通过秸秆还田、生物质发电、发展沼气等，大量废弃物都可以变为有机肥料和生物质能源，实现废弃物减量化、无害化、资源化，创造经济价值、环境价值和民生价值。应加强政策扶持和引导，鼓励农民使用有机肥，逐步减少化肥使用量；鼓励运用生物技术防治病虫害，减少农药使用量；鼓励废弃物再利用，减少环境污染。这些方面一些地方已有成熟的经验、做法，应当认真总结，积极推广。

（三）科技创新与应用方面

（1）有机肥料生产和使用技术的突破。未来我国农业增产，化肥仍然不可或缺，但要逐渐减少用量。重点围绕全国 36.6 亿吨有机肥资源（农作物秸秆、绿肥、规模化养殖场畜禽粪便和农家肥）的转化利用，组织科研力量攻关，力求在配套技术和设备上有重大突破。

（2）良种培育技术的突破。保护地方特有品种，加强对野生资源的驯化和新品种的培育，不断开发出丰产性好、抗逆性强、适应性广、品质优良的新品种。

（3）新型肥料的开发。针对不同农作物、不同栽培方式，专门研制叶面肥、微量元素肥料、氨基酸肥料、缓控释肥等各种新型肥料，增产增效、减少污染。

（4）生物农药研制技术的突破。随着化学农药的普及，我国传统土农药使用逐渐减少。实际上，土农药采用现代技术开发，不仅灭虫效果好，而且无药害。

（5）污染修复技术的突破。为有效根治环境污染，近年来国内外研制了一系列污染修复技术，包括植物修复、微生物修复及物理修复、化学修复、生物工程修复技术和兼而有之的复合型修复技术。这些技术在一定区域内试验、应用，都取得了较好的成效，但目前还没有一种修复技术可以治理各种类型的环境污染。

（四）总体布局与政策法规倾斜方面

目前，我国 18 亿亩耕地的农区承担着几乎全部粮棉油的生产任务，所产粮食的 40% 又要被用来饲养畜禽，而大片山区、草原的开发利用则很不充分，发展草产业、木本粮油产业潜力很大。对此，一些专家学者呼吁"种草养畜，粮草并举，建设大农业"，解决"人畜争粮"矛盾，实现农区、山区、草原平衡协调发展。这一倡议符合我国实际，应当认真研究、规划、实施，实现由只注重 18 亿亩农区的"小农业"转变为面向包括山区、牧区、农区在内的 100 亿亩农用地的"大农业"。

改革开放以来，我国经济社会事业快速发展，成就辉煌。相比之下，城市快于农村、工业快于农业，农业农村发展相对滞后。党中央及时做出了工业反哺农业、城市带动农村、推进城乡一体化的战略决策。在整个扶农强农的政策倾斜中，需要重点支持生态化现代农业农村建设，加快"石油农业"向"生态农业"转化，特别应当加大对农业废弃物综合开发利用、循环农业和绿色有机农业发展及面源污染治理的扶持。尤其是在政绩考核方面，要按照建设生态化现代农业农村要求，修订单纯考核经济指标、忽视生态环境和社会民生指标的考评标准、办法，加大经济发展质量、生态环境、社会和谐、民生改善方面的权重，使政绩考核对农业农村又好又快发展起到导向、引领、保障作用。

第二节　着力推进农业绿色发展

新时代推进农业绿色发展，是全面落实绿色发展理念、提升农产品品质、切实保障人民群众"舌尖上的安全"的必然选择。新时代中国农业发展最根本的目标或者出发点，应该立足于为13亿中国人提供健康、优质、安全的农产品，这是关系中华民族自身健康能否延续下去的重大战略问题。因此，分析研究新时代农业绿色发展的相关问题，对贯彻落实中央农村工作会议精神，全面实施乡村振兴战略，具有重要的现实意义。

一、新时代农业绿色发展的动因分析

党的十八届五中全会提出的绿色发展理念，特别是随后国家出台的一系列推动绿色发展的政策措施，为农业实现绿色转型发展提供了宏观政策环境；而严峻的农业生产环境形势、日益增长的消费市场需求、日益严格的国际农产品市场准入条件，以及新时代如何进一步增加农民收入等问题，为农业实现绿色转型发展提出了新要求。

（一）实施绿色发展的政策推动

党的十八大以来，党中央国务院高度重视经济社会的绿色发展，并做出一系列战略部署，推动了农业绿色发展。但农业主要依靠资源消耗的粗放经营方式没有得到根本改变，农业生产所需的优质耕地资源、水资源配置到城镇、非农产业的趋势依然强劲，农业面源污染和生态退化的趋势尚未有效遏制，优质安全农产品供给还不能满足人民群众日益增长的需求。党的十八届五中全会提出了创新、协调、绿色、开放、共享的发展理念，以绿色发展理念为导向，推动农业绿色发展，实现资源集约与高效利用，确保农产品质量安全，是全面贯彻落实习近平新时代中国特色社会主义思想的具体行动。2016年中央一号文件《中共中央国务院关于落实发展新理念加快农业现代化实现全面小康目标的若干意见》明确指出"加强资源保护和生态修复，推动农业绿色发展"。2017年中央一号文件《中共中央国务院关于深入推进农业供给侧结构性改革加快培育农业农村发展新动能的若干意见》

提出"推行绿色生产方式，增强农业可持续发展能力"的指导方针，以及"推进农业清洁生产""集中治理农业环境突出问题"等重点领域。随后，中共中央办公厅、国务院办公厅又印发了《关于创新体制机制推进农业绿色发展的意见》（以下简称《意见》）。《意见》指出，推进农业绿色发展，是贯彻新发展理念、推进农业供给侧结构性改革的必然要求，是加快农业现代化、促进农业可持续发展的重大举措，对保障国家食物安全、资源安全和生态安全，维系当代人福祉和保障子孙后代永续发展都具有重大意义。

为贯彻党中央、国务院决策部署，推动农业绿色发展，农业农村部实施畜禽粪污资源化利用行动、果菜茶有机肥替代化肥行动、东北地区秸秆处理行动、农膜回收行动和以长江为重点的水生生物保护行动等农业绿色发展五大行动，并印发《2017年农业面源污染防治攻坚战重点工作安排》，提出要按照"重点突破、综合治理、循环利用、绿色发展"的要求，探索农业面源污染治理有效支持政策，要努力把面源污染加重的趋势降下来。这些政策措施有力地推动了新时代农业的绿色发展。

（二）治理农业面源污染的现实需要

农业面源污染具有分散性和隐蔽性、随机性和不确定性、不易监测性和空间异质性等特点，因而对其进行全面治理难度较大，而且具有明显的长期性、复杂性和艰巨性。从行为学视角来看，农业面源污染是源于化肥、农药、杀虫剂、除草剂等化学品的过量投入及低效利用，以及规模化养殖畜禽粪便的不合理处置等行为。从管理学和经济学视角来看，农业面源污染则是源于"追求增长"的发展观、城乡二元经济社会结构、农业面源污染的负外部性、较高的治理成本以及多元化的农户生产行为。

以化肥施用为例，从1996年到2015年的20年间，化肥施用量（折纯量）从3827.9万吨增加到6022.6万吨，增加2194.7万吨，增长57.33%；同期，氮肥施用量增加216.27万吨，增长10.08%；磷肥施用量增加184.66万吨，增长28.05%；钾肥施用量增加352.68万吨，增长121.78%；复合肥施用量增加1440.99万吨，增长196.13%。由此可见，农用化肥施用量的增加主要来自钾肥与复合肥的增加。

简单来讲，化肥施用强度是指单位播种面积的化肥施用数量。根据相关统计数据，对不同时期化肥施用强度进行计算，中国农业生产中化肥施用强度呈现出明显的增加态势。从"九五"期间到"十二五"期间，化肥施用强度增加了98.59公斤/公顷，增长37.93%。而国际公认的化肥施用强度的安全上限为225公斤/公顷，这四个时期中国化肥施用强度分别是安全上限的1.16倍、1.29倍、1.49倍、1.59倍。对13个粮食主产省而言，从"九五"期间到"十二五"期间，农作物播种面积仅增长了7.57%，而化肥施用强度却增长31.26%，呈现显著的正向耦合状态。由此表明，中国农业生产依靠化肥投入动能驱动的状况依然没有得到改变。有关资料表明，中国化肥综合利用率在30%左右，那么，大量流失的总氮、总磷等随着地表径流进入水体或者耕地土壤，将会对地下水体、耕地土壤等造成一定的污染，进而影响农产品的品质。

（三）满足消费者生态需求的根本保证

党的十九大报告指出："中国特色社会主义进入新时代，中国社会的主要矛盾已经转化为人民日益增长的美好生活需要和不平衡不充分的发展之间的矛盾。"随着人民生活水平的逐渐提高，在全面建成小康社会的决胜期，人民对安全优质农产品的需求日益迫切，这是人民日益增长的美好生活需要的重要组成部分。近些年来，中国经济实现了中高速增长，与此同时也带来了严重的资源破坏、环境污染问题。"保护生态环境就是保护生产力"，针对日益严重的事关国人健康的水、土、大气污染问题，国家相继出台了"水十条""气十条""土十条"。近两年实施的中央环保督察实现了两大根本性转变：一是从生态环境部门牵头到中央主导的转变。二是从以查企业为主到"查督并举，以督政为主"的转变。这是中国环境监管模式的重大变革，对改善生态环境发挥了巨大作用。党的十九大报告将"防范化解重大风险、精准脱贫、污染防治"并列为全面建成小康社会的"三大攻坚战"，不仅是为了实现高质量发展，更是为了满足人民日益增长的美好生活需要。正如习近平总书记所强调的"良好生态环境是最普惠的民生福祉"。

除水、气、土之外，农产品质量安全也始终是党中央、国务院关注的重大问题之一。习近平总书记指出，民以食为天，加强食品安全工作，关系中国 13 亿人的身体健康和生命安全。由此可见，实现农业绿色发展，保障农产品质量安全，是全面建成小康社会的迫切需要，更是破解新时代中国社会主要矛盾的重要举措。因此，实现农业绿色发展，确保农产品质量安全，是满足消费者生态需求的根本保证。

（四）提升农产品国际竞争力的必然要求

在经济全球化背景下，农产品的国际贸易日益频繁。有关研究表明，中国的农产品国际竞争力正在降低，以土地为代表的自然资源要素密集型农产品基本丧失了比较优势，但劳动密集型农产品依然具有较强的比较优势，随着劳动力成本的进一步提高，其比较优势也会逐渐降低。"绿色壁垒"是近年来国际贸易中出现的与生态环境紧密关联的一种新型贸易壁垒形式，通常表现为绿色关税、绿色市场准入、"绿色反补贴""绿色反倾销"、环境贸易制裁等。对于农产品而言，一方面是其生产、使用、消费和处理都与环境密切相关，另一方面世界各国都对其实施了力度较大的保护措施。因此，绿色壁垒必然对国际农产品贸易产生重大的影响。作为传统的农产品出口国，加入 WTO 之后，中国农产品面临着更严格的绿色壁垒。对此，需要从正反两个方面进行分析。对农产品进口国而言，制定严格的绿色标准，将不符合其标准的农产品拒之门外，无疑是出于对本国消费者健康的考虑，当然也不排除贸易保护主义。对农产品出口国而言，由于受绿色壁垒的限制，农产品国际贸易受到巨大影响，削弱了其农产品在国际市场上的竞争力，影响了农业创汇能力。这就迫切要求农产品出口国必须提高农产品品质，并且逐渐将其标准与进口国相互认可，从而提高农产品的国际竞争力。

实事求是地讲，中国农产品质量在国际市场上的总体竞争力太弱，应对绿色壁垒的能力不足，因质量达不到进口国的绿色标准而被退回的事件时有发生。一方面可能是由于彼此之间绿色标准不一致造成的，另一方面也说明中国农产品质量依然存在一些问题。因此，推动农业绿色发展，提高农产品品质，是全面提升中国农产品国际市场竞争力的必然要求。

（五）增加农民收入的有效途径

中国农业农村发展进入新时代，也出现了很多新问题。对于农业生产而言，主要表现在两个方面：一是粮食供求品种结构失衡，从而出现了产量、进口量和库存量齐增的现象；二是相对现代农业而言，中国农业经营规模依然较小，由此带来比较高的农业生产成本。二者在一定程度上影响了农民家庭的经营性收入。与此同时，农业发展的外部环境、内在条件都发生了深刻变化，农民增收越来越受国民经济和全球一体化发展的深刻影响，持续增收有机遇，但也有压力和挑战；但从本质上来看，实现农民收入的超常规增长，不仅需要技术、资金、劳动力、土地等传统要素的优化组合，更需要依靠改革创新驱动来引领新兴要素优化配置。

"让农业成为有奔头的产业。"要实现农民收入超常规增长，必须进一步稳定家庭经营收入。一是要实现农业绿色发展，把优质、绿色、生态、安全的农产品生产摆在突出位置，要培育农产品品牌，实现优质优价；二是要结合农业绿色发展，大力推广节水、节药、节肥、节电、节油技术，降低农业生产资料、人工、流通等成本；三是要引导发展适度规模经营，通过扩大生产经营规模来增加农民收入。

在稳定农业生产传统业态的同时，需培育农业发展新业态，拓宽农业增收新渠道，发掘农业多功能价值，包括培育休闲农业、乡村旅游、创意农业、农村电子商务等新产业、新业态，而这些新业态的发展必须以农业绿色发展为前提。因此，实现农业绿色发展，是提高农民收入的有效途径。

二、新时代农业绿色发展的核心问题

众所周知，农业生产最基本的生态资源要素是耕地、水资源。耕地面积及水资源量的多少是影响农产品产量高低的重要因素，而耕地土壤质量、灌溉水资源水质则直接影响着农产品的品质。因此，新时代农业绿色发展的核心问题就是耕地资源、水资源的保护，不但要保护一定数量的耕地面积，以及足量的农业生产用水，更重要的是对耕地土壤质量、灌溉用水水质的保护。对此必须从战略上给予高度重视，并采取有效措施加以解决。一旦失去这两个核心，农业绿色发展只能是一句空话。学术界围绕农业发展提出的体制机制创新、土地流转实现规模化生产、新型农业生产主体以及技术创新等，都属于保障、措施、路径范畴，而不是农业绿色发展的核心。

（一）农业生产中的耕地资源状况分析

中国人均耕地面积仅为世界平均水平的1/3，特别是近几年来，随着工业化、城镇化进程的加快，越来越多的优质耕地用于城镇建设、工业园区建设、道路建设等，数量持续下降趋势短期内难以扭转。同时，在耕地资源质量构成中，优质耕地所占比例呈现逐年下降的态势，要实施"藏粮于地、藏粮于技"的战略面临着严峻的挑战。为此，"要像保护大熊猫一样保护耕地"。

1. 耕地面积及其变化趋势

《2016年中国国土资源公报》显示，截至2016年年底，全国耕地面积13495.66万公顷。2015年全国因建设占用、灾毁、生态退耕、农业结构调整等原因减少耕地面积33.65万公顷，通过土地整治、农业结构调整等增加耕地面积29.30万公顷，年内净减少耕地面积4.35万公顷；全国建设用地总面积3906.82万公顷，新增建设用地51.97万公顷。从耕地面积的动态变化来看，随着工业化、城镇化的进一步加快，耕地面积递减的态势将会持续很长时间。从2009年到2016年，耕地面积从13538.46万公顷下降到13495万公顷，减少了43.46万公顷，减少0.32%。导致耕地面积减少的因素是多方面的，一般包括建设占用、灾毁、生态退耕、农业结构调整等，而土地整治、农业结构调整等因素则在一定程度上增加了耕地面积。上述数据表明，国家采取最严格的耕地保护制度及"占补平衡"等措施，对耕地资源数量方面的保护发挥了很大的作用，耕地面积快速递减的态势在一定程度上得到了遏制。

2. 耕地质量及其区域分布

以《农用地质量分等规程（GB/T28407—2012）》为依据，将全国耕地划分为15个等别进行评定：1等耕地质量最好；15等耕地质量最差。评定结果表明，全国耕地平均质量等别为9.96等，高于平均质量等别的1～9等耕地面积占全国耕地评定总面积的39.92%，低于平均质量等别的10～15等耕地面积占60.08%。需要注意的是，城镇化、工业化进程中占用的耕地，绝大部分都是优质耕地，土地生产率较高，而通过土地整治等措施补充的耕地土地生产率极低；此外，在一些区域还存在着严重的耕地水土流失、沙化和荒漠化问题。这些因素都将会影响耕地质量的构成，即在耕地质量构成中，优等地、高等地所占比例在一定时期内将会出现递减态势。

如果将耕地等别1～4等、5～8等、9～12等、13～15等划为优等地、高等地、中等地、低等地，评定结果为：耕地中优等地、高等地、中等地和低等地所占比例分别为2.9%、26.5%、52.8%、17.7%。对13个粮食主产省区而言，从耕地数量上讲，占全国耕地面积的比例为66.03%；从耕地质量构成来讲，其优等地、高等地、中等地、低等地面积占全国同等别耕地面积的比例分别为79.66%、76.74%、62.24%、59.01%；从粮食主产省内部来看，优等地、高等地、中等地和低等地的比例分别为3.55%、30.84%、49.81%、15.81%。这些数据表明，粮食主产区耕地质量构成中，优等地、高等地的比例明显高于全国平均水平。

3. 耕地污染状况分析

《全国土壤污染状况调查公报》显示，中国耕地土壤的点位超标率为16.1%，其中，轻微、轻度、中度和重度污染的比例分别为11.2%、2.3%、1.5%和1.1%。无论是点位超标率，还是主要污染物种类，耕地都远远高于林地、园地及未利用土地。导致耕地土壤污染的原因是多方面的，一是工业"三废"排放；二是农业生产的面源污染；三是生活垃圾、废旧家用电器、废旧电池、废旧灯管等随意丢弃，以及日常生活污水排放；四是一些区域和流域土壤重金属含量超标。耕地土壤污染直接影响着农产品质量，在实现农业绿色发展中，必须将耕地土壤污染治理作为核心问题之一，这是为人民群众提供优质安全农产品的前提条件。

（二）农业生产中的水资源状况分析

众所周知，水资源是保障农业生产不可替代的生态要素，中国是一个水资源短缺的国家，人均水资源占有量仅为世界人均水平的1/4。而且越来越多的水资源被配置到城镇、非农产业，由此导致中国农业用水供需矛盾将长期处于尖锐状态。如果说水资源短缺在一定程度上威胁着以粮食为主的农产品数量的安全，那么，水资源水质污染将会对农产品质量的安全构成严重的威胁，影响农业的健康、可持续发展。

1. 农业用水状况及其变化情况

水资源禀赋是影响农业生产用水的主要因素之一。中国水资源总量多年平均为26907.91亿立方米，其中13个粮食主产省区水资源量占全国总量的38.89%。由于水资源利用量，特别是农业用水量易受自然因素或者其他偶然因素的影响，故而在数据处理上采取了每个时期五年的平均值。计算结果表明，与"十一五"时期相比，"十二五"时期水资源开发利用率增加了0.84个百分点，粮食主产区增加了1.91个百分点。"十一五""十二五"两个时期，粮食主产区与全国平均水平相比，水资源开发利用率分别高出9.03个百分点、10.11个百分点。《2016年中国水资源公报》表明，全年用水总量为6040.2亿立方米，其中农业用水量为3768.0亿立方米，占总用水量的比例为62.4%。"十二五"时期与"十一五"时期相比，全国农业用水量增加185.25亿立方米，增长5.06%；同时，粮食主产区农业用水量增加139.71亿立方米，增长6.98%；全国农业用水比例增加0.75个百分点，粮食主产区农业用水比例增加0.48个百分点。此外，粮食主产区农业用水量占全国农业用水量的比例分别为54.54%、55.55%，增加1.01个百分点，但两个时期，粮食主产区农业用水比例分别低于全国平均水平0.40个百分点、0.68个百分点。

2. 农业生产中的地表水水质状况

中国的水资源特点可以概括为两点：一是资源性缺水、工程性缺水、水质性缺水并存；二是"水多、水少、水脏、水混"四种现象同在。农产品产量的高低依赖于能否有充足的灌溉水量，而农产品质量的好坏则取决于农业灌溉用水的水质。因此，水资源水质问题是实现农业绿色发展中的另一个核心问题。

"十二五"时期以来，中国地表水水质改善较为明显。特别是劣V类水质断面比例持续下降，从33.9%持续下降到2016年的8.6%。众所周知，2016年是全面建成小康社会决胜阶段的开局之年。水污染治理取得如此成效，这与各地区、各部门紧紧围绕着党中央、国务院做出的"五位一体"总体布局和"四个全面"战略布局，全面贯彻落实绿色发展理念，紧紧围绕环境质量改善这个中心，重点解决突出环境问题，扎实推进环境保护工作是分不开的。

3.农业生产中的地下水水质状况

相对于地表水而言，地下水水质情况没有得到足够的关注。直到 2009 年，国家相关部门才开始关注地下水环境的状况，并对北京、辽宁、吉林、上海、江苏、海南、宁夏和广东等 8 个省（区、市)641 眼井进行了水质监测。结果表明，水质为Ⅰ～Ⅱ类的监测井比例为 2.3%，水质为Ⅲ类的监测井比例为 23.9%，水质为Ⅳ～Ⅴ类的监测井比例为73.8%。从总体情况来看，中国地下水水质状况不容乐观。

2016 年，水利部门开展了以浅层地下水水质监测为重点的流域地下水水质监测工作，并在松辽平原、黄淮海平原、山西及西北地区盆地和平原、江汉平原等重点区域布置了2104 个监测站点，这些监测站点涵盖了地下水开发利用程度较大、污染较为严重的地区。地下水质量综合评价结果显示：水质总体较差。水质优良、良好、较差、极差的监测站比例分别为 2.9%、21.2%、56.2%、19.8%。

三、新时代农业绿色发展的对策建议

新时代，中国农业发展应将为 13 亿国人提供优质安全的农产品作为最根本的出发点与目标，要实现这个目标，其核心就是要保护水土资源的数量，提升水土资源的质量，以破解实现农产品质量安全所需优质水土资源不足的难题，实现农业的绿色发展。

（一）强化对实现农业绿色发展重大战略意义的认识

党的十九大报告提出："从现在到 2020 年，是全面建成小康社会的决胜期。"就农业生产而言，应该是实现农业从传统走向绿色的战略转折期。针对新时代中国农业生产所面临的资源环境形势，以及优质安全农产品供应状况，必须以保护水土资源为核心，实现农业绿色发展。这是确保农产品质量安全真正走向绿色生态的重要举措，也是引领中国现代农业发展的有效途径，更是实现中华民族健康、永续发展的坚实保障。换句话说，保护好水土资源、实现农业绿色发展，不仅仅是保证农产品质量安全的农业生产问题，更是关乎中华民族能否健康延续下去的重大战略问题。当前，对实现农业绿色发展还缺乏战略层面的认识，因此，必须强化对农业绿色发展重大战略意义的认识。

（二）坚持绿色发展理念，确保中央各项政策的落实

近年的中央一号文件、党的十九大报告以及中央农村工作会议都围绕着提升农业发展质量，不仅提出了农业绿色发展的总体战略，而且对农业绿色发展的重点领域及措施进行了具体部署。特别是党的十八届五中全会提出的绿色发展理念，以及习近平总书记"绿水青山就是金山银山"的理论，为实现农业绿色发展指明了方向。为此，迫切需要以绿色发

展理念为指导，从数量、质量两个方面保护水土资源，为农产品质量安全提供资源基础作为农业绿色发展的核心与关键，真正将中央的各项政策及部署落到实处，为13亿国人提供优质安全的农产品，以满足其日益增长的美好生活需要。

（三）完善环保制度，严格环保执法，减少工业企业对水土资源的污染

近些年来，国家对环境保护工作重视程度日益加强，推动了环保制度建设。新时代，保护水土资源，实现农业绿色发展，依然受到工业企业污染的威胁。2016年，生态环境部印发了《关于实施工业污染源全面达标排放计划的通知》，在产排污量大、已制定行业污染物排放标准，或发放排污许可证的行业优先实施，通过重点带动一般，推动工业污染源实现全面达标排放。但需要注意的是，在达标排放环境规制下，水土资源依然面临被工业企业污染的风险，因为工业企业污染物排放之后，因富集作用导致污染物浓度越来越高，达到一定阈值后将会对水土资源造成污染，导致其质量的下降，进而影响农业的绿色发展。因此，工业企业的排污行为应进一步规范，从而实现总量控制取代达标排放，激励性制度、引导性制度取代限制性制度。同时，严格环保执法，对违反环保法规的企业进行严惩，切实转变过去"以罚代法"的做法，根据所造成的环境污染程度，由企业承担相应的法律责任，并处以重罚。此外，建立中央环保督察的长效机制，以规范政府行为，对盲目决策的领导实行严厉的问责，从根本上杜绝企业的违法违规行为。

（四）采取有效措施，确保耕地数量稳定与质量提升

前面已经提到，耕地资源数量是保障以粮食为主的农产品数量安全的前提，而保护与提升耕地质量则是从根本上实现农产品质量安全的保证。因此，需要从数量与质量两个方面采取有效措施，以实施耕地资源的有效保护。

1.以最严格的耕地保护制度，实现耕地资源数量的稳定

在快速工业化、城镇化进程中，对耕地的占用呈现刚性递增的态势，而且短期内难以扭转。耕地资源数量的稳定是保障国家粮食安全的最基本要素，必须严防死守18亿亩耕地红线。2017年1月，中共中央、国务院印发了《关于加强耕地保护和改进占补平衡的意见》（中发〔2017〕4号），对新时期加强耕地保护和改进占补平衡做出全面部署。但调研发现，在全国范围内普遍存在耕地的无序、违规占用现象，并且呈现逐年增加的态势，导致了优质耕地面积的日益减少，从长远来看将严重威胁到中国的粮食安全。为此，需要依据最严格的耕地保护制度，通过耕地占补平衡、永久性基本农田划定等政策性措施，实现耕地资源数量动态平衡。党的十九大报告也指出，要完成生态保护红线、永久基本农田、城镇开发边界三条控制线划定工作，这也是确保耕地资源数量稳定的有效措施。

2.建立中央耕地督察机制，解决耕地资源保护中的违规问题

在耕地保护方面，国家采取严格划定永久基本农田作为保护优质耕地的一种有效手段，其对稳定耕地资源数量、保证耕地资源质量、保障国家粮食安全发挥了很大作用。但基层调研发现，在划定永久基本农田过程中，普遍存在"划远不划近""划劣不划优"等严重问题，

特别是在山地丘陵地区，基本农田"上山""下河"、公益林地与基本农田重合等问题尤为突出。此外，在社会经济发展落后地区，违规占用耕地现象依然严重。

针对上述存在的问题，国土部门也采取了耕地保护的专项巡查等措施，解决了部分问题，但不能从根本上解决。为此，建议借鉴中央环保督察的成功经验，尽快建立中央耕地督察机制。一是由自然资源部牵头，中纪委、中组部的相关领导参加，成立中共中央耕地保护督察委员会，代表党中央、国务院对各省（自治区、直辖市）党委和政府及其有关部门开展耕地保护督察。二是根据耕地资源对保障国家粮食安全的重要性，明确开展耕地督察的重点区域。三是建立耕地督察的长效机制，提升国家治理能力及决策的科学化水平，更好地解决耕地保护工作中的实际问题。四是建立督察信息公开机制，接受公众的监督。

3. 保护优质耕地资源的同时，改善耕地土壤的质量

前面已有所论述，在耕地等级构成中，中等地、低等地面积所占比例较高。因此，在实施优质耕地资源保护的同时，需要对中、低产田进行改造，提升耕地土壤质量，提高耕地土地生产率，以保障国家粮食安全。为此，一是从技术层面减少和治理耕地土壤污染。如创新水质监测技术，减少污水灌溉造成的土壤污染；大力推广测土配方施肥技术，提高化肥使用率，减少化肥施用导致的面源污染；实施作物替代技术，加大对污染土壤的治理力度。二是从制度层面保障耕地恢复活力。扩大轮作休耕试点，健全耕地休养生息制度，建立与完善市场化、多元化的生态补偿机制，促进耕地活力的恢复，确保国家粮食的安全。三是根据绿色发展理念，通过创新监管体系，规范农业生产资料的生产行为，从源头上解决农产品生产中生产资料投入带来的污染。

（五）加强水生态建设的同时，实现水资源的高效利用

1. 强化水生态治理，提升水资源的保障能力

水生态建设和保护是水治理之本。习近平总书记指出，自然界的淡水总量是大体稳定的，但一个国家或地区可用水资源有多少，既取决于降水多寡，也取决于盛水的"盆"大小。做大盛水的"盆"是实现水资源可持续利用的根本。为此，应立足于系统论思维，统筹自然生态各种要素，把治水与治山、治林、治田有机结合起来，协调解决水资源问题，提升水资源对农业发展的保障能力。

2. 以最严格的水资源保护制度，确保水资源可持续利用

2012 年《国务院关于实行最严格水资源管理制度的意见》提出，要严格控制用水总量、全面提高用水效率、严格控制入河湖排污总量"三条红线"，以加快节水型社会建设，促进水资源可持续利用。基层调研发现，中国水资源污染形势依然相当严重，治理水资源污染任重而道远。为此，应根据最严格水资源管理制度的要求，采取综合管理措施，确保水资源管理的"三条红线"，以实现水资源的可持续利用及满足农业生产灌溉用水的需求。同时，切实加强水域环境的监测与环保执法力度，杜绝工业企业对水资源的污染；在农业生产领域，应从生产投入着手，控制农业面源污染，减少其对水体的污染。

3. 创新农业用水机制，实现农业节水目的

当前，中国农业用水具有很大的节水潜力，应充分采取有效措施，创新农业用水机制，大力推广农业节水。为此，应强化"适地"原则，一是依据不同区域的气候条件、水资源条件等，确定农业节水的重点区域；二是根据重点区域的农业生产状况，注重其节水技术的开发与集成；三是建立不同区域农业用水的机制，以实现农业节水的目的。

（六）创新机制，推动农业绿色发展

新时代，针对发展中面临的诸多挑战，需创新机制，推动农业绿色发展。一是建议设立绿色农业发展特区。这是加快农业绿色发展的一项十分紧迫、十分重要的战略举措，根据所设立的绿色农业发展特区内的资源基础，制订高起点的农业绿色发展规划，确定发展的核心，以引领中国农业绿色发展，实现"绿水青山就是金山银山"的目的。二是逐步建立与完善农业生态补偿机制。根据实现农业绿色发展的要求，在资源要素层面、产业层面、农业废弃物资源化利用层面等逐步建立与完善生态补偿机制，以增加有利于农业绿色发展的制度供给，为农业绿色发展提供良好的制度环境。

第三节　加强农村人居环境整治

农村人居环境的好与坏直接关乎农村居民的身心健康和农村经济的发展，影响着城乡一体化实现的进程，更是建设社会主义新农村的重要内容。本节拟从美丽乡村视角来透视农村人居环境建设的历史轨迹和现实境遇并寻求问题所在，为构建良好的农村人居环境提供多方面的建议。

一、农村人居环境建设的历史进程

由于中国特殊的国情，农村人居环境建设都是在国家政策引导下进行并完成的。与西方国家相比，我国的农村人居环境建设起步相对较早，且随着中国不同阶段的国情，农村人居环境建设的波动也较大，经历了早期的稳定恢复期、之后的初步发展期、改革中缓步发展期、全面的快速发展期等几个阶段，具体言之则包括以下几个方面。

（一）农村人居环境建设的稳定恢复期

这一时期我国农村人居环境建设主要介于新中国成立之后到三大改造完成，即1949—1957年。鉴于中国古代自给自足的农耕式自然经济，我国古代的农村居住环境大都受"天人合一"的环境思想影响，宅地和庭院成为农村人居环境建设的主要区域，并以村庄聚落的形式存在。然而随着鸦片战争的开始，中国的国门被西方列强强行打开，为了获取更多中国的市场和资源，西方列强更是不断地压榨农村资源，造成我国农村居民民不聊生、农村经济破败、农村秩序混乱，农村人居环境遭受前所未有的破坏，加之国内新旧军阀之间

的混战，农村居民饱受巨大的煎熬，农村人居环境建设受阻。直到新中国成立后，国家深刻地认识到农村建设的重要性，积极开展一系列的运动来推动农村经济的发展，农村人居环境也得到恢复与稳定发展。在土地方面，国家积极领导农民进行土地改革运动，打破封建式的土地所有形式，实现耕者有其田的惠民理念；在环境改善方面，国家又领导农村进行了消灭苍蝇、蚊子、老鼠、麻雀的除"四害"运动；在医疗方面，新中国成立之后完善了各种制度，其中就包括与居民切身利益相关的医疗合作制度，正如毛泽东所言"要把医疗卫生工作的重点放到农村去"；在文化方面，国家为了提高广大农村居民的知识文化水平，建立了农村居民广播网、夜校等传播文化的基础设施。这一时期的国家政策确实维护了农村居民的利益，扭转了之前破败的农村人居环境，更为农村人居环境建设起到了推动作用。但由于生产力发展水平有限，农村经济缺乏一定的物质支撑，农村人居环境建设水平依旧很低且存在很多潜在问题。随着三大改造的完成，农村经济由个体转向合作互助道路，农村人居环境建设也走向了"政社合一"的集体化之路。

（二）农村人居环境建设的初步发展期

随着新中国的成立，农村人居环境建设也步入了稳定恢复发展时期，在三大改造完成之后一直到改革开放，农村人居环境建设步入初步发展期，即 1957—1978 年。这一时期由于三大改造的完成，社会主义基本制度在中国基本上确立，社会主义经济制度也由私有制向社会主义公有制模式转变，但这一时期的社会主义经济仍旧是计划经济体制和人民公社占主导地位的经济模式，这对农村人居环境的建设起到了重要的影响，具体表现为"一大二公"和"人民公社"。"一大二公"中的"一大"是指人民公社的规模要大，"二公"是指人民公社化的公有化程度要高。"一大二公"的提出给农村人居环境建设带来了极大的影响，由于"一大二公"的提出改变了农村原来的自给自足的个体经济模式，这一时期的农村土地等各种生产资料全部归农村居民集体所有，所有的农村居民劳动也由人民公社集中分配，所有获取的农产品由人民公社进行调拨和分配；农村居民由之前的自治到现在的集体管理，传统的农村人居环境建设也由之前的农村居民自治式治理转变为由人民公社进行统一指导下的农村居民集体建设模式。这一时期的人民公社式管理对农村人居环境建设产生了重要影响。一方面，人民公社有助于快速地集中各种资源与物质以保障稳定的公共产品供给，同时人民公社是以社为单位，管理效率较高；国家认识到农村居民文化水平对农村经济发展的推动作用，极力构建农村居民文化基础设施以普及知识；再者，国家重视农村人居环境建设与农村经济发展之间的关系，在修建大规模的农田水利设施过程中注重保持水土修复，农村居民人居环境得到了很大的改善。

（三）农村人居环境建设的缓慢发展期

农村人居环境建设的缓慢发展期可以追溯到改革开放之后到 2003 年之前，这一时期我国经济的发展模式已经打破了原来的人民公社管理模式，并转变为改革后的家庭联产承包责任制的经济发展模式。与改革前的人民公社化管理模式不同，家庭联产承包责任制是以建立家庭联产承包责任为主，实行统分结合的新型集体所有制模式，国家减少了对农村经济等各个方面的干预，并将这些直接性的干预转移给当地的农村政府，由政府引导农村居民管理农村事务。其实，这一政府的转移实则是允许农村居民发展个体经济，农村居民自己管理农村事务，继而农村居民环境建设主力也由政府管理转接到农村居民自身。这一时期由于改革开放、社会主义经济飞速发展，改革成果惠及农村、农业、农民，农村居民生活水平得到提高，科学发展意识也在不断增强，农村人居环境建设更是受到农村居民的重视，农村人居环境越来越好。从国家层面来讲，国家积极投入人居环境建设之中，在1979年颁布了《中华人民共和国环境保护法》，以法的形式保障环境治理，这也为农村人居环境建设提供了强有力的法治保障。同时，国家在1984年将1973年成立的国务院环境保护领导小组办公室更名为国家环保局，正式纳入国家政府职能范围之内，强化了政府对农村人居环境建设的意识。在农村居民自身方面，随着改革开放的深入，农村居民切身享受到了改革开放的成果，加强农村科教文卫事业的发展，农村居民生活水平提高，身心健康得到很大的保障。然而，这一时期农村人居环境建设"随着社会生产力和人民生活水平的提高，但其发展程度与经济社会的协调发展还不相适应，城乡文化发展水平差距也非常大"。为了更快地发展国家经济、提高综合国力，国家一方面把精力投入到提高经济水平上。另一方面，把各种资源集中到城市发展之中，从而造成农村经济水平与城市经济水平产生了很大的差距，农村居民所享受的公共资源和公共产品极为有限，当地政府所能承担的科教文卫事业发展财政也有限；而且随着国家户籍制度的放松，农村流失了大量的劳动力；农村人居环境建设缺乏必要的执行者，农村环境也遭受巨大的污染而得不到及时的修复，这都造成了农村人居环境建设的滞后与缓慢。

（四）农村人居环境建设的全面快速发展期

这一时期的农村人居环境建设在改革后进入了全面的快速发展时期，甚至迈入了历史上前所未有的飞跃期，即2003年至今。由于改革开放的多层次、多领域、多方位式发展，不管是城市经济还是农村经济都取得了快速的发展，但是城乡差距日益明显，落后的农村经济成为制约国家经济稳定与快速发展的突出问题，更是实现城乡一体化的制约因素，而且这种城乡差距迅速拉大，直接影响着国家社会的稳定。为此，2005年第十届全国人大第十九次会议中明确指出全面废除农业税，这减轻了农村居民繁重的经济压力，也标志着有两千多年历史的农业税从此退出历史舞台，至此中国也进入了"以城带乡""以工促农"的农村经济发展新时代。由于国家重心的转移，农村人居环境建设也迎来了史上的新高潮。在财政方面，国家加大了对农村财政的支持力度并且覆盖领域日渐扩大以缓解农村公共产品、公共服务的短缺问题，加大对农村居民科教文卫事业的扶持，提高农村居民的身心健康和科学文化水平，千方百计提供就业岗位以提高农村居民的收入水平，切实解决由于经济发展带来的城乡二元制问题和顽固的"三农"问题，这为农村人居环境建设营造了良好的财政支撑。在政策方面，国家更是将"三农"问题定为中央一号文件并召开多次会议研究，惠及农村发展的政策，诸如 2006 年所提出的建设社会主义新农村且指出其目标在于实现"生产发展、生活富裕、乡风文明、管理民主、村容整洁"，并明确提出应当把村庄规划和农村人居环境建设作为社会主义新农村建设的重要任务之一。随后，国家政府提出了"科学发展观""生态文明""中国梦""美丽中国"以及"美丽乡村"的建设战略，这都对农村人居环境建设起到了很大的推动作用。在民生改善方面，国家政府投入更大的力度做好民生工作，强化教育、就业、医疗、收入、保险及社会管理的具体惠民措施，尤其是与农村居民切身相关的田地补贴、精准扶贫政策，这一时期的农村人居环境建设也迈向了全面快速发展之路。

二、农村人居环境建设中存在的问题

我国的农村，人居环境建设由传统的自建模式到人民合作社的集建式再到新时期政府扶持下的农村居民共建式，农村人居环境在不同时期、不同阶段也得到了很大的完善和提高，大部分农村实现了道路畅通、饮水安全、住房稳定、医疗健全、保险教育等基础设施的构建，还有部分农村依据自身有利的条件开发新能源、拓展独具特色的旅游项目、强化城乡互助，这既拉动了农村经济的发展，也促进了农村人居环境建设的步伐。其中最为突出的成绩在于形成了各具特色的"美丽乡村"，以示范引导其他乡村良好健全运转，农村人居环境也达到了史上最美时期。尽管国家近些年对农村人居环境建设加大了投入力度，农村人居环境建设也迎来了史上发展的高潮期，但是由于我国农村分布的零散性、农村经济的差距性、农村文化习俗的差异性、农村人口的庞大性以及国家财政的有限性等因素的影响，我国农村人居环境水平相较于城市人居环境水平还有很大的差距，在建设过程中也出现很多有待解决的问题，具体主要涉及以下几个方面。

（一）农村生态环境破坏形势依旧严峻

随着经济的突飞猛进，我国的城市环境破坏较为严重，而且这种形势也越来越严峻，污染得不到妥善的治理、破坏得不到较好的修复，给城市居民生活环境建设带来不同程度上的滞缓。为此，部分企业把经济发展目标转向农村，加大投资力度，一方面带动了农村经济的发展，提高了农村居民生活水平，也极大地改善了农村人居环境；另一方面，寻求"金山银山"的同时忘记了"碧水青山"，农村生态环境遭到破坏、环境污染严重，且这种形势依旧严峻。据 2013 年我国环境状况公告的数据可以看出当前农村环境形势依然严峻，生态环境脆弱的县域占 16.1%，对生活污水进行处理的建制村占比不到 10%，对生活垃圾进行处理的建制村占比只有 35.9%。农村生态环境的破坏，尤其是农村人居生态环境的污染严重影响了农村居民的身体健康。近些年，由环境污染造成的人类疾病也在不断凸显，这既增加了农村居民治病的经济负担，也让投入到农村人居环境建设的人力流失。同时，农村人居环境建设除了遭受污染问题之外，还涉及生态环境的修复问题。农村居民拥有大量的农田，为此，国家政府修建了很多惠民的水利工程，常年水利工程的重复使用不同程度地破坏了周围的生态环境，忽视了周围环境水土、草原的修复，造成了植被破坏，甚至出现了沙漠化，使得农村居民饱受泥石流、风沙侵害之苦。

（二）农村人居环境建设规划有失合理性

在很长一段时间内，国家对农村的发展采取了放任式态度，在城市改革到一定程度的基础上才将发展重心转移到农村建设当中去，所以国家对农村的发展尤其是农村人居环境建设，无论从理论支撑还是实践指导上都处在不成熟阶段，以至于对农村的实际情况把握不准确，出现农村人居环境建设规划有失合理性，其中最为典型的例子就是农村人居环境建设规划跟不上现实实际需求，继而导致规划建成的农村布局杂乱无章、规模较小，周围生活垃圾无法妥善处理，速成的房屋质量无法得到保障。随着国家美丽乡村政策的推行，国家农村地区开始大规模建设统一式的农村社区，其表面上确实与农村传统房屋出现差别，但周围居住环境并没有多大的改善，农村居民仍旧生活在脏、乱的生活环境中。再者，农村人居环境建设规划的不合理性还体现在大部分农村规划千篇一律、毫无独特性。中国的农村数量较多而且分布在国家各个区域，其中也居住着各个民族，所以很多农村都有自己的独特性和文化差异性。部分农村为了凸显规划的统一性而忽视了人文环境，造成了农村资源的浪费以及农村地域文化的迫害。除此之外，随着国家城乡一体化政策的号召，部分农村划入城镇，土地日益减少，大量的农村居民去城市工作，农村劳动力流失趋势居高不下，老弱、儿童构成了农村居民的主体，形成了真正意义上的"空心村"，农村人居环境建设也就很难继续推行，良好的人居环境很难得到强有力的保障。农村规划不合理导致了农村人居环境的乱象，而且这种趋势仍旧存在于当下大部分农村中，如何能够实现有效性的规划还需要因地制宜。

（三）国家财政支撑力度大但欠缺成效性

为了更好地建设农村人居环境，国家也是在农村经济、教育、就业、住房、医疗、保险以及社会管理等方面投入了大量的财政支出，以解决多年的"三农"问题，这对农村多方面的发展带来了强有力的财政支撑，也为改善农村人居环境提供了良好的条件。然而由于村庄规划杂乱无章、规模参差不齐、居民分布散乱、农村事务复杂多样，给当地政府处理农村事务带来了一定的困难，出现执行与监督力度不足的问题，进而导致部分国家财政资金并未落实到农村人居环境建设当中，造成资金流失以及资源的过度浪费，其结果是部分国家扶持的农村人居环境建设惠民工程仍旧无法满足农村居民的切身需求，公共产品及公共基础设施匮乏依旧形势严峻。据中国农业大学人文与发展学院所著《2009中国农村情况报告》一书中的数据显示，在饮水方面，仅有60%的农村可以达到安全饮水的标准；在住房方面，农村每年仅约2%的居民进行自主建房，而且住房的条件还需要农村居民自己去修复与改善，由于常年居住导致了农村危房所占的比重已经远远超过了40%，这对农村人居环境建设带来了挑战；在教育方面，国家一直倡导教育为先、教育为本的理念，每年对城乡教育的投入力度也比较大，尤其是越来越重视农村基础教育发展，试图解决上学难的问题，但仅从数据上来看农村居民接受初中教育人数仅占总人数的 23%，这说明农村居民的受教育程度还不是很高，农村教育的落后现状依旧存在；在道路交通方面，由于村庄分布的多样化，农村道路的类型也纷繁复杂，尽管很多农村实现了交通畅通，但是柏油路及混凝土道路仅占总体道路的一半；在医疗方面，为了解决农村看病难问题，国家采取了新型农村合作医疗政策，这改善了农村医疗环境，也减轻了农村居民看病的紧急压力，但是医疗费用高且医疗水平低等问题仍旧存在。

除此之外，还有很多问题存在于农村人居环境建设过程中，其原因也是多方面的，就经济层面而言，农村人居环境建设出现滞缓其首要因素在于我国城乡发展的极度不平衡，城乡二元制经济体制的破除仍需要很长的时间。城乡二元制经济体制形成已久，新中国成立以来国家确立了社会主义基本制度而在农村经济上则推行了人民合作社，农村各种资源实行了高度集中，农村经济发展为人民合作社式的集体经济。在改革时期国家为了快速发展国家经济、提高综合国力，提出了经济至上的原则，而忽视了国家农业的发展，其结果造成了城市经济发展迅速而农村经济发展缓慢，城乡人居环境建设相差甚远，这种城乡差距在我国实行市场化的经济模式后越来越大，破除城乡二元制经济体制困境重重。就政治层面而言，国家近些年来较为重视农村人居环境建设，也相继召开了多次会议并颁布了相关政策，但由于我国农村自身的特殊性，当地政府在执行国家农村政策时明显张力不足、监督管理滞后，农村人居环境建设受阻，农村居民环境改善变得缓慢。

三、美丽乡村视域下农村人居环境建设的实践推进

"美丽乡村"继承发展了社会主义新农村建设要求，也丰富发展了时代内涵，新时期建设"美丽乡村"的重点则为改善民生、提高居民生活环境。现实境遇中的农村人居环境与预想中的"美丽乡村"存在较大的差距，下文以"美丽乡村"为视角透视农村人居环境建设问题，为进一步改善农村人居环境提供对策与建议。

（一）优先开展科学规划工作

农村人居环境建设之所以困难重重，其中一个很重要的原因就在于村庄规划的无序性，建设实践活动没有成熟的理论作为先导，当地政府引导下的农村人居环境建设具有盲目性。因此，必须要优先开展科学规划工作，以为农村人居环境建设提供必要的准备。

一是需要合理建设、科学规划。鉴于我国是在改革开放之后才将经济中心转移到农村，相较于城市人居环境建设，农村人居环境建设起步晚且建设较为缓慢。所以能够指导现在农村人居环境建设的经验或者理论相对欠缺，这需要加强理论与实践的结合，强化高效研究与农村具体实际相结合，制订科学有效的农村人居环境建设规划，使在具体农村人居环境建设过程中有理有据。二是因地制宜、逐渐推进。由于中国幅员辽阔、人口众多、民族多样化、文化多元化等因素的影响，中国农村省与省之间、市与市之间、县与县之间、镇与镇之间、村与村之间都有很大的差异性，所以在建设农村人居环境过程中要根据农村居

民需求、因村而异制订具体的规划，不能千篇一律地规划农村人居环境建设事务，同时还要根据不同级别的农村进行区别规划，有重点、有层次、有示范地进行推进，规避追求政绩式的冒进做法。三是保护传统文化、彰显乡村特色。民族与文化的差异性导致了农村出现了古村落、历史村、旅游村等极具特色的村庄，这些农村环境不需要过多的拆除以发展农村特色优势，开拓旅游资源、民族资源以及文化资源等，从而为改善农村人居环境提供更好的后备条件。四是保护农村生态环境、修复农村绿水青山。生态环境破坏是农村人居环境建设过程中面临的一个重要问题，它是农村经济发展的产物。生态环境的破坏势必影响农村居民的身心健康和日常生活，因而我们坚决不走之前先污染后治理的老经济发展道路，必须深刻树立环境保护意识，时刻做到环境保护要以预防为主、防治结合、综合治理为原则，归还农村碧水青山。

（二）强化政府职能发挥

政府是农村人居环境建设的指挥者，政府职能的发挥对改善农村人居环境有着直接的作用。农村人居环境建设之所以发展缓慢，与政府监督和管理的缺失有着必然的联系。一是明确政府职能权限，避免职能混乱。鉴于高度集中的计划经济时期，政府权力高度集中，造成了权责之间的错乱，严重影响了农村人居环境的建设进程。因此，政府必须要明晰自己的职能权限，协调政府之间、乡镇政府之间、乡镇政府与村委会之间的权责关系，放权给乡镇政府，做到真正意义上的服务型政府。二是加强与有关部门之间的沟通。农村人居环境建设不仅涉及政府部门还涉及国土、环境、社会保障、城市规划以及医疗等相关部门，农村人居环境的建设需要政府协调好与这些部门之间的关系。三是提高监督管理能力、创立激励机制。相较于城市人居环境建设相关的政府监督管理体制，农村人居环境建设监督管理体制的构建明显滞后甚至空白，这使农村人居环境建设缺乏必要的制度保障，所以完善农村人居环境建设相关的政府监督管理体制很是必要。同时，还需要加大对相关人员的培养和培训，高素质的政府人员可以对农村人居环境建设提供一定的人力支撑。再者，政府需要创立激励机制，对做好农村人居环境建设的个人或集体给予一定的奖励，以达到引领示范的作用，实现农村居民自觉自建的居民环境。政府作为执行与监督部门，在农村人居环境建设中扮演着重要的角色，必须明确权责范围，做好分工。

（三）规范农村区域投资方式

为了建设社会主义新农村，实现城乡一体化，国家每年对"三农"问题的解决给予了很大的财政支撑，这虽然对农村经济的发展和改善农村人居环境起到了重要的作用，但是事物的发展不仅需要外在条件，而且需要内在因素的推动，发展农村经济完善农村人居环境的主力仍旧在农村居民自身。只有农村经济得到快速发展、居民富裕才会有更多的精力与资金投入人居环境建设中，倘若解决不了最基本的温饱问题，那么农村居民对于构建良好的农村人居环境就无从谈起。因此，对于农村居民而言发展才是硬道理。其中事关农村经济发展最重要的因素就是农村的投资方式，关于规范农村区域投资方式，主要涉及农村经济发展自身的投资方式和农村外来的投资方式。投资的金额和投资利用率直接影响着农村人居环境建设的进程，为改善农村人居环境提供强有力的保障。就农村经济发展自身而言，一方面，国家需要对农村经济发展施以引导，鼓励和支持农村乡镇企业、生态破坏小、环境污染少的企业入驻农村，并给予这些企业以政策上的帮助；另一方面，培养高素质、高技能的农业从业人员，提高农业发展的机械化和现代化，减少农村投入成本，提高农村粮食的生产产量。就农村外来的投资方式而言，部分农村为了快速发展本地经济而并未对农村外来的投资方式进行严格的质量筛选，一些高污染、高耗能的企业造成了严重的环境污染，农村人居环境遭受了严峻的生态破坏。这就需要国家和当地政府联合当地农村居民积极参与到对外来投资的综合评估之中，从根源处筛选，寻求高质量、高效率的农村外来投资企业，真正为农村经济发展谋福利。

（四）加强农村居民主体性建设

农村居民是完善农村人居环境的重要主体，影响着农村人居环境建设的直接进程，所以必须加强农村居民的主体性建设。关于农村居民的主体性建设主要涉及以下几个方面：一是保障农村居民自治。我国在党的十七大报告中明确提出了有关农村的基层群众自治基本制度，这项基本制度为农村的发展提供了强有力的政治保障。实现村民自治以来，涉及政治、经济、文化等农村事务大都由农村居民自治解决，既彰显了农村居民的主人翁地位，也提高了农村居民在农村事务中的话语权；既减少了国家对农村事务的解决成本，也规避了农村中存在的个人主义和团体主义。农村居民的自治权是民主性的凸显，加强了对农村事务的监督、管理，提高了政府工作的透明度。但是部分农村居民自治权由于很多不确定因素的影响并未真正落实，尤其是较为落后的地区，所以必须保障农村居民自治权利，建立自下而上的农村自治体系尤为迫切。二是完善农村基础设施。农村居民主体性的建设需要国家提供必要的公共服务和公共产品的供给，为农村居民建设良好的人居环境提供必要基础条件，同时还要加强财政力度和政策支持，提高农村教育、就业、医疗、保险、收入和社会治理的覆盖面积，以改善民生。三是提高居民文化素养。具体数据显示，我国接受初中教育水平的人数仅占总人数的一半多，而农村则占据更少的份额，所以农村居民的文化水平较为欠缺。国家需要加大对农村教育的财政投入力度，强化偏远地区的义务教育，加强农村文化知识的宣传，提高农村居民的文化素养，把农村劳动力转化为人力资源，这是农村人居环境建设的长期有效保障。

第四节　重视乡村生态环境保护

良好的生态环境是乡村振兴的最大优势和宝贵财富，因此，必须尊重自然、顺应自然、保护自然。推动乡村生态振兴，除了要坚持绿色发展，更要加强乡村生态环境保护，打造农民安居乐业的美丽家园。

一、生态环境保护思想演进进程

（一）消费"绿水青山"来换取"金山银山"的阶段

从新民主主义到社会主义的过渡时期，党和国家牢牢抓住恢复国计民生、实现经济发展、提升国际地位的中心工作，充分开发利用自然资源的客观优势，通过物质生产劳动将能源优势转化为大量物质财富，实现经济增长，改变了因长期战乱而导致的经济社会贫困落后的局面。在全力发展经济效益、追求经济速度期间，第一个五年计划提前完成。但是，在过度追求经济发展速度与经济效益的同时，违背自然界的客观规律、无视自然资源的有限性、忽视自然对人类社会的反作用、一味对自然资源进行过度开发与征服，使人与自然的关系向着失衡的方向发展。例如，全国兴起大范围炼钢导致了我国的森林覆盖率降低，围湖造田使湿地资源减少，肆意开垦造成水土资源的流失以及土地沙漠化等。

改革开放初期，党和国家日益认识到环境保护的重要性，但在大力发展生产力、解决人民温饱问题和满足人民物质财富需求的背景下，我国的生态环境问题并没有从根本上得到改变。随着改革开放的深入发展，邓小平同志在分析当时中国基本国情和具体实际的基础上，强调我国正处于并将长期处于社会主义初级阶段，社会主义的本质是解放和发展生产力，必须牢牢地以经济建设为中心。为了进一步推动生产力的发展，我国通过不断完善"以公有制为主体、多种所有制经济共同发展"的基本经济制度和建立社会主义市场经济体制来提高市场活力，促进经济发展。与此同时，我们进入了一种片面追求市场效率、经济效益、发展速度的误区，个别企业为了追求经济效益，出现大规模占用农业耕地的现象，一方面加剧了我国人均耕地面积少的情况，另一方面产生了一系列环境污染的现象，比如排放污水造成的水污染、释放工业废气造成的空气污染以及耕地灌溉被污水造成的土壤污染等。为此，邓小平同志强调在经济发展的同时要注重环境保护，做到污染防治，大力发展园林、绿化，逐步为人民生活创造良好的生态环境。改革开放的前二十年间，我国工业化发展迅速，GDP 增速每年保持在 9.7% 左右，经济发展保持高速增长的综合态势，但高度发展经济所带来的资源环境压力也与日俱增，有数据显示，"中国 2005 年生态环境破坏、资源消耗带来的损失可以占到国民经济总产值的 13.89%"。粗放型经济不可否认在一定程度上带来了生产力的发展进步，促进了经济的增长，但造成的环境恶化问题更是不容忽视。

在粗放型经济发展模式下，经济越发展，工业化的程度越高，资源消耗就越严重，环境压力也就越大，人与自然的关系就越不和谐。人与自然关系的进一步失衡，不仅威胁着我们赖以生活的生存环境，而且反过来会阻碍经济的可持续发展。1994—1996 年，江泽民同志相继发表了有关人口、环境、发展三者之间关系的系列讲话，认为实现经济的发展要充分认识到人口、环境与发展之间的辩证关系，人与自然界的关系是部分与整体的关系，人是自然界的一部分，自然界是人赖以生存的生活家园，只有实现人与自然的和谐，尊重自然、顺应自然、保护自然才能在一定程度上有效促进和实现经济发展、创造生产力。

（二）保护"绿水青山"来稳定"金山银山"的阶段

工业革命的迅速发展，在全球范围内掀起了改良劳动生产工具、创新科学技术以追求经济快速增长的浪潮。在大浪潮的席卷之下，世界各国相继迈入追求高速发展的经济实力竞赛中，但单纯地实现经济线性增长造成了严重的生态环境问题，这不仅成为影响发展中国家经济可持续发展的制约因素，也使发达国家面临同样的经济发展难题。2002 年在约翰内森堡召开的可持续发展世界首脑会议，从全球生态文明的视角，强调社会进步离不开经济发展，环境保护是实现经济可持续发展的重要条件，各国必须同心，结合本国具体国情、理论指导实践的基础上有效保护生态环境，实现经济在全球范围内的可持续发展。

在以经济建设为中心、大力发展生产力的改革开放时期直至 21 世纪初期，我国不论在恢复国民经济、提高综合国力还是提升国际地位上，都取得了显著发展。"截至 2009 年，我国国内生产总值从 3645 亿元上升到 335000 亿元，人均国内生产总值从 381 元上升到 25600 元，城镇居民人均可支配收入从 343 元上升到 17175 元，农村居民人均可支配收入从 134 元上升到 5153 元，外汇储备从 1.7 亿美元上升到 2.4 万亿美元。这些成就都要归功于对生产力的大力推动和发展。然而，由于利益驱动、政绩考核等各种复杂因素的影响，一些地方出现了'唯 GDP'倾向。"在这种倾向的驱使下，片面追求经济发展带来的生态环境问题进一步凸显，在人口基数大、自然资源相对匮乏、人均占有量不足的基本国情下，如果不从根本上改变"三高"的粗放型经济发展方式，资源人均占有量将持续降低，环境问题必将成为在很长一个时期内制约我国经济可持续发展的关键因素。

在分析研判改革开放前二十年片面追求经济的高速发展造成的严重生态环境问题的基础上，着眼于世界范围内日益重视环境保护，强调实现经济的可持续发展的热潮，国家逐步认识到保护生态环境是实现经济可持续发展的重要基础和关键因素，如邓小平同志在国际普遍开始对全球环境问题加以反思的大背景下，进一步继承发展了毛泽东同志的生态思想，综合国内外保护生态建设的大环境，提出了环境保护、造福人民的方针和预防为主、防治结合的生态思想。江泽民同志就人与自然的关系指出："坚持实施可持续发展战略，正确处理经济发展同人口、资源、环境的关系。努力开创生产发展、生活富裕和生态良好的文明发展道路。"胡锦涛同志在党的十六届三中全会上明确提出科学发展观，强调要坚持以人为本、全面协调可持续、统筹兼顾，指出实现人与自然的和谐发展是科学发展的应有之义。在科学发展观的指导之下，我们国家结合面临的日益加剧的生态环境问题，党的十七大首次将生态文明写入党的报告之中，提出为实现经济的可持续发展、人与自然的和谐发展，必须把建设资源节约型、环境友好型社会放在突出位置。

（三）恢复"绿水青山"来实现"金山银山"的阶段

党的十八大以来，我们党吸收并继承改革开放以来生态思想的有益成果，总结我们国家在追求经济线性发展时，日益出现的与生态环境之间不协调的关系现状，把生态文明建设纳入实现社会主义现代化"五位一体"的总体布局中，努力实现生态保护与经济发展的和谐共赢，建设美丽中国，实现中华民族的永续发展。习近平总书记用"绿水青山就是金山银山"的形象比喻，将生态文明建设提到了新的发展高度，不再单方面强调实现经济效益、追求经济发展速度，也不再单方面创新生态理论观念，而是实现理论与实践同时发展，创新生态建设理论用以指导改变经济发展模式的具体实践，在实践基础上反过来丰富生态理论思想。鉴于之前追求经济发展过程中带来的生态环境问题、片面追求 GDP 的过程中付出的沉重的生态代价，我们党吸取经验教训，充分认识到自然资源的有限性、稀缺性和自然规律的客观性，认识到在满足人民日益增长的美好生活需要的同时必须充分发挥人类的主观能动性去认识自然、改造自然、合理利用自然，但我们需要明确对自然界改造和利用的过程中的合理之"度"，需要限定在自然界自身的承载力范围之内。否则，一味地去压榨和征服自然界，量变达到一定的程度必将引起质变，必将导致人与自然不再和谐共生。

国家领导人认识到经济发展过程中出现的人与自然日益失衡的现象，并从人与自然、经济发展与生态保护的辩证关系去阐释生态文明建设的重要性以及"绿水青山就是金山银山"的生态内涵。"绿水青山"是我们赖以生存的自然界，是为我们提供丰富资源的自然基础；"金山银山"是通过进一步开发利用"绿水青山"，在尊重自然界客观规律的基础上，充分发挥人的主观能动性进而实现的。主观能动性的发挥必须在适度的范围之内，使其自然资源本身具有的使用价值在人类的劳动、交换、消费过程中创造新的价值，从而为我们的社会创造物质财富。我们只有在适度的范围之内，尊重自然界客观规律的基础之上，发挥人类的主观能动性，利用自然界丰富的自然资源，进而改造自然，促进经济的可持续发展和中华民族的永续发展，才能说"保护环境就是保护生产力，改善生态环境就是发展生产力"。处理好经济发展与生态保护的关系，事关中华民族的永续发展和"两个一百年"奋斗目标的实现，所以决不能以牺牲环境、浪费资源为代价换取一时的经济增长。

党的十九大报告指出，我国进入了中国特色社会主义新时代，社会主要矛盾已经转化为人民日益增长的美好生活需要和不平衡不充分的发展之间的矛盾。"美好的生活需要"包括人与自然的和谐共生，因此，只有正确认识和妥善处理人与自然的关系，才能实现我国经济的长期性发展、可持续发展，党和国家根据我国新时代的具体国情，提出要实现生态产品从量到质的飞跃，以满足人民日益增长的美好生活需要。习近平总书记在十九大报告中指出："人与自然是命运共同体，人类必须尊重自然、顺应自然、保护自然。人类只有遵循自然规律才能有效防止在开发利用自然上走弯路，人类对大自然的伤害最终会伤及人类自身，这是无法抗拒的规律。"在中国特色社会主义新时代，贯彻社会主义现代化不仅仅是经济迅速发展带来的物质文明现代化，还包括人与自然和谐共生的生态文明现代化。为实现生态文明现代化，必须认真贯彻绿色发展、低碳发展的生态理念，自上而下地提高全民族保护生态环境的自觉性和主动性，在全国范围内增强保护自然的自觉意识。同时为进一步恢复生态环境、加快生态文明体制的改革、建立生态文明制度体系，以法的形式进行监督、促进生态文明的改革和建设。生态文明建设事关我国伟大梦想的实现，是利在千秋的关键一步。加强生态文明建设、实现生态文明现代化不仅仅是建设美丽中国的必然要求，更是实现"两个一百年"奋斗目标的必然要求。

二、我国乡村生态环境存在的问题及原因分析

（一）我国乡村生态环境存在的问题

1.农村农业生产污染

我国农村农业生产污染严重。首先，为了提高农业生产力而过度使用化肥。短期来看可以增加农业产量，但是长期过量的使用不仅会降低土壤肥力导致农作物大量减产，而且会导致土壤结块变硬，破坏土壤团聚体结构，不利于土地的循环利用。其次，为了避免病虫害对农产品的危害，频繁大量喷洒化学药品，长期的泛滥使用会改变土壤和水质。不可分解的塑料地膜也被大量应用到农产品的生产中。由于土地对地膜的分解效率很低，大量地膜被遗弃到土壤中，导致土壤结构遭到破坏，妨碍植物根系的生长和吸水、吸肥能力，这就是农业生产过程中严重的白色污染。

2.农村工业生产污染

农村工业生产污染主要来自乡镇政府为了促进乡镇经济发展而招商引资来的高污染、高消耗的大型化工企业，该类大型化工企业在生产工业品时会大量排放固体污染物、化学气体和污水。这些固体废弃物所含的有毒化学物质和重金属会破坏土壤质量，造成土地污染，在雨水的溶解冲刷下渗入地下或流入周围的江河污染水质。这些废弃物挥发产生的有害废气含有有毒气体二氧化硫、二氧化氮等，污染周围大气，产生酸雨或对人的呼吸系统造成严重的危害，严重地影响着农村地区的空气质量。产生的大量工业废水在没有专门的排污处理设施的基础上，直接排入河道，污染农村河水和地下水，不仅对农业灌溉带来巨大的危害，而且会污染人畜饮用水。

3.农村生活污染

在我国大部分农村地区由于村民环保意识不强、自我保护意识不到位，导致农村生活污染比较严重。一方面，由于人口众多，每天都会产生大量的生活垃圾，包括厨房废弃物、废塑料、废纸屑、废农药瓶等。另一方面，外部城市的污染也转移到农村，城市需要寻找新的填埋场所，就把目光转向附近成本低、管理不严的农村。由于农村经济发展比较落后，

农村环保基础设施比较滞后，缺乏专门的垃圾收集和处理系统，导致农村生活垃圾不能得到及时有效的处理。这些情况都导致农村生活污染严重，结果就是固体废弃物垃圾随意堆放不仅占用大片的可耕种土地，降解后还滋生和传播有害细菌，甚至污染土壤和水源。

4. 农村生态破坏问题

农村在现代化进程中为了满足自身利益大幅度开垦并且过度使用土地，不利于生态环境的自我修复，比如水污染严重，在农产品种植过程中由于过度使用化肥，雨水的冲刷和分解使化肥流入水中导致水体富营养化，破坏水体的成分。大气污染严重，由于农村家庭缺少新能源的供给，主要使用的是低质煤炭和柴草等生活燃料，产生高污染的有害气体大量排放到大气中。植被破坏严重，农村出现大量的毁林开荒搞建设的活动，乱砍滥伐、乱垦耕地，农村生态植被的破坏使农业生产失去生态屏障，致使表层有机土壤大量流失，荒漠化问题产生。这些现象都加剧了物种灭绝、生物多样性锐减、农村极端气候频发、农村整体农业生产不稳定，严重危及人类的生存环境。

（二）我国乡村生态环境问题产生的原因

1. 政治因素

我国农村的生态建设和发展是以政府为主导的一项系统工程，政府发挥着至关重要的作用。政府对乡镇环境建设管理行为不当、管理力度不够，政府绩效考核机制存在缺陷。当地政府盲目追求卓越的功绩，导致高消耗、高污染、环境要求不达标、环境质量不合格的企业在当地落户，对当地的环境生态造成严重的危害。由于没有健全的环境管理制度，导致政府对环境的管理有所欠缺。政府各部门没有相互关联，导致出现环境问题时各自为政、相互推卸。部门间组织协调不到位，缺乏有效的沟通，在相关性项目安排上缺乏整体性。政府环境监督机制不健全，一些地方政府和地方企业为了掩盖对环境造成严重破坏的事实，拒绝公开环境信息，这样就无法保证农村居民行使自己的环境知情权和申诉权，对政府环境监督保护措施没有起到有效的监督。

2. 经济因素

农村生态问题归根到底还是经济原因造成的，呈现出先天不足、后天畸形的发展状态。首先，由于农产品产量不高、收入较低、资金来源途径较少、经济发展严重落后于城市、没有技术投入的资本，导致农村对生态环境保护的措施缺乏先进的技术措施。由于农村对环境的认知不够，导致对生态环境的过度使用，环境受到破坏。农村的乡镇企业由于没有引进高技术的设备，所以还是以高消耗、高污染、低回报的方式进行生产，以牺牲环境为代价来换利润最大化。不仅会加大资源环境压力，造成自然资源逐渐枯竭，生态环境日益恶化和生态赤字不断扩大，还会使人民群众生态福利负增长和生态利益严重受损。其次，由于城镇化的发展，加快了对环境污染的速度。城镇化进程中大肆占用耕地、修建广场马路和高楼大厦、围湖造田等，破坏了农村原有的生存面貌，由于过度开垦导致土地被破坏，大量的工业垃圾导致公共资源大量浪费。

3. 文化因素

由于农民对环境的保护力度不够导致农村环境问题不断升级，农村地区教育不发达，长期保留了保守落后的文化观念。受到利益至上的观念影响，乡镇只注重城乡经济发展，过度利用生态资源，同时城市的高污染企业向农村蔓延，导致城乡环境问题不断加重。农村地区人们的文化素质不高，生态环境保护意识薄弱。不仅不能预见破坏环境的后果，更不了解破坏后对自身的身体健康及生存环境带来的后果，也不知道环境利益遭到侵犯时应该怎样进行投诉，怎样去寻求帮助。由于农村的教育水平不高，所以首先考虑的是自身利益而不是公共利益，会在维护自身利益的时候不自觉地破坏环境，致使生态环境进一步恶化，影响农村居民的自身生命安全，也不利于农业生态环境的可持续循环利用。

4. 社会因素

影响我国农村生态环境问题的社会因素很多，首先，人口因素是最重要的一方面。农村人口一直占据着较大的比例，农村落后的观念导致人口不断上升，环境压力逐渐增大。其次，农村生态缺乏健全的环境保护设施。我国农村不仅没有专门的垃圾分类处理池，也没有专门的垃圾处理厂和专门的环保人员，其他环保设施更是匮乏。不合理的垃圾分类回收也是环境问题加剧的主要原因。最后，由于没有颁布健全的法律法规和方针政策，对农民没有起到规范的法律约束，致使农民没有与生态环境和谐相处的意识，加剧了环境的恶化。

三、构建乡村生态环境保护体系

（一）增强乡村生态环境保护的使命感

各级农业农村部门要深入学习贯彻习近平生态文明思想，切实把思想和行动统一到中央决策部署上来，深入推进农业农村生态环境保护工作，提升农业农村生态文明。要深刻把握人与自然和谐共生的自然生态观，正确处理"三农"发展与生态环境保护的关系，自觉把尊重自然、顺应自然、保护自然的要求贯穿到"三农"发展全过程。要深刻把握"绿水青山就是金山银山"的发展理念，坚定不移走生态优先、绿色发展新道路，推动农业高质量发展和农村生态文明建设。要深刻把握良好生态环境是最普惠民生福祉的宗旨精神，着力解决农业面源污染、农村人居环境脏、乱、差等农业农村突出环境问题，提供更多优质生态产品以满足人民对优美生态环境的需要。要深刻把握山水林田湖草是生命共同体的系统思想，多措并举、综合施策，提高农业农村生态环境保护工作的科学性、有效性。要深刻把握用最严格的制度、最严密的法治来保护生态环境的方法路径，实施最严格的水资源管理制度和耕地保护制度，给子孙后代留下良田沃土、碧水蓝天。

（二）构建乡村生态环境保护的制度体系

贯彻落实中共中央办公厅、国务院办公厅印发的《关于创新体制机制推进农业绿色发展的意见》，构建农业绿色发展制度体系。落实农业功能区制度，建立农业生产力布局、耕地轮作休耕、节约高效的农业用水、农业产业准入负面清单等制度，因地制宜制定禁止和限制发展产业目录。推动建立工业和城镇污染向农业转移防控机制，构建农业农村污染防治制度体系，加强农村人居环境整治和农业环境突出问题治理，推进农业投入品减量化、生产清洁化、废弃物资源化、产业模式生态化，加快补齐农业农村生态环境保护突出短板。健全以绿色生态为导向的农业补贴制度，推动财政资金投入向农业农村生态环境领域倾斜，完善生态补偿政策。加大政府和社会资本合作（PPP）在农业生态环境保护领域的推广应用，引导社会资本投向农业资源节约利用、污染防治和生态保护修复等领域。加快培育新型市场主体，采取政府统一购买服务、企业委托承包等多种形式，推动建立农业农村污染第三方治理机制。

（三）推进农业绿色发展的重大行动

推进化肥减量增效。实施果菜茶有机肥替代化肥行动，支持果菜茶优势产区、核心产区、知名品牌生产基地开展有机肥替代化肥试点示范，引导农民和新型农业经营主体采取多种方式积极施用有机肥，集成推广化肥减量增效技术模式，加快实现化肥使用量负增长。推进农药减量增效，加大绿色防控力度，加强统防统治与绿色防控融合示范基地和果菜茶全程绿色防控示范基地建设，推动绿色防控替代化学防治，推进农作物病虫害专业化统防统治，扶持专业化防治服务组织，集成推广全程农药减量控害模式，稳定实现农药使用量负增长。

推进畜禽粪污资源化利用。根据资源环境承载力，优化畜禽养殖区域布局，推进畜牧大县实现畜禽粪污资源化利用，支持规模养殖场和第三方建设粪污处理利用设施，集成推广畜禽粪污资源化利用技术，推动形成畜禽粪污资源化利用可持续运行机制。推进水产养殖业绿色发展，优化水产养殖空间布局，依法加强养殖水域滩涂统一规划，划定禁止养殖区、限制养殖区和养殖区，大力发展池塘和工厂化循环水养殖、稻渔综合种养、大水面生态增养殖、深水抗风浪网箱等生态健康养殖模式。

推进秸秆综合利用。以东北、华北地区为重点，整县推进秸秆综合利用试点，积极开展肥料化、饲料化、燃料化、基料化和原料化利用，打造深翻还田、打捆直燃供暖、秸秆青黄贮和颗粒饲料喂养等典型示范样板。加大农用地膜新国家标准宣传贯彻力度，做好地膜农资打假工作，加快推进加厚地膜应用，研究制定农膜管理办法，健全回收加工体系，以西北地区为重点建设地膜治理示范县，构建加厚地膜推广应用与地膜回收激励挂钩机制，开展地膜生产者责任延伸制度试点。

（四）着力改善农村人居环境

各级农业农村部门要发挥好牵头作用，会同有关部门加快落实《农村人居环境整治三年行动方案》，以农村垃圾、污水治理和村容村貌提升为主攻方向，加快补齐农村人居环境突出短板，把农村建设为农民幸福生活的美好家园。加强优化村庄规划管理，推进农村生活垃圾、污水治理，推进"厕所革命"，整治提升村容村貌，打造一批示范县、示范乡镇和示范村，加快推动功能清晰、布局合理、生态宜居的美丽乡村建设。发挥好村级组织作用，多途径发展壮大集体经济，增强村级组织动员能力，支持社会化服务组织提供垃圾收集转运等服务。同时调动农民的积极性，鼓励其投工投劳参与建设管护，开展房前屋后和村内公共空间环境整治，逐步建立村庄人居环境管护长效机制。学习借鉴浙江"千村示范、万村整治"经验，组织开展"百县万村示范工程"，通过试点示范不断探索积累经验，及时总结推广一批先进典型案例。

（五）切实加强农产品产地环境保护

加强污染源头治理，会同有关部门开展涉重金属企业排查，严格执行环境标准，控制重金属污染物进入农田，同时加强灌溉水质管理，严禁工业和城市污水直接灌溉农田。开展耕地土壤污染状况详查，实施风险区加密调查、农产品协同监测，进一步摸清耕地土壤污染状况，明确耕地土壤污染防治重点区域。在耕地土壤污染详查和监测基础上，将耕地环境质量划分为优先保护、安全利用和严格管控三个类别，实施耕地土壤环境质量分类管理。以南方酸性土水稻产区为重点，分区域、分作物品种建立受污染耕地安全利用试点，合理利用中轻度污染耕地土壤生产功能，大面积推广污染物低积累品种替代、水肥调控、土壤调理等安全利用措施，推进受污染耕地安全利用。严格管控重度污染耕地，划定农产品禁止生产区，实施种植结构调整或退耕还林还草。

（六）大力推动农业资源养护

加快发展节水农业，统筹推进工程节水、品种节水、农艺节水、管理节水、治污节水，调整优化品种结构，调减耗水量大的作物，扩种耗水量小的作物，大力发展雨养农业。建设高标准节水农业示范区，集中展示膜下滴灌、集雨补灌、喷滴灌等模式，继续抓好河北地下水超采区综合治理。加强耕地质量保护与提升，开展农田水利基本建设，推进旱涝保收、高产稳产高标准农田建设。推行耕地轮作休耕制度，坚持生态优先、综合治理，轮作为主、休耕为辅，集成一批保护与治理并重的技术模式。加强水生野生动植物栖息地和水产种质资源保护区建设，建立长江流域重点水域禁捕补偿制度，加快推进长江流域水生生物保护区全面禁捕，加强珍稀濒危物种保护，实施长江江豚、中华白海豚、中华鲟等旗舰物种拯救行动计划，全力抓好以长江为重点的水生生物保护行动。大力实施增殖放流，加强海洋牧场建设，完善休渔禁渔制度，在松花江、辽河、海河流域建立禁渔期制度，实施海洋渔业资源总量管理制度和海洋渔船"双控"制度，加强幼鱼保护，持续开展违规渔具清理整治，严厉打击涉渔"三无"船舶。加强种质资源收集与保护，防范外来生物入侵。

（七）显著提升科技支撑能力

突出绿色导向，把农业科技创新的方向和重点转到低耗、生态、节本、安全、优质、循环等绿色技术上来，加强技术研发集成，不断提升农业绿色发展的科技水平。优化农业科技资源布局，推动科技创新、科技成果、科技人才等要素向农业生态文明建设倾斜。依托畜禽养殖废弃物资源化处理、化肥减量增效、土壤重金属污染防治等国家农业科技创新联盟，整合技术、资金、人才等资源要素，开展产学研联合攻关，合力解决农业农村污染防治技术瓶颈问题。组织实施农业农村部印发的《农业绿色发展技术导则（2018—2030年）》，推进现代农业产业技术体系与农业农村生态环境保护重点任务和技术需求对接，促进产业与环境科技问题一体化解决。发布重大引领性农业农村资源节约与环境保护技术，加强技术集成熟化，开展示范展示，遴选推介一批优质安全、节本增效、绿色环保的农业农村主推技术。

（八）建立健全考核评价机制

各级农业农村部门要切实将农业生态环境保护摆在农业农村经济工作的突出位置，加强组织领导、明确任务分工、落实工作责任，确保党中央国务院决策部署不折不扣地落到实处。深入开展教育培训工作，提高农民节约资源、保护环境的自觉性和主动性。完善农业资源环境监测网络，开展农业面源污染例行监测，做好第二次全国农业污染源普查，摸清农业污染源基本信息，掌握农业面源污染的总体状况和变化趋势。紧紧围绕"一控两减三基本"的目标任务，依托农业面源污染监测网络数据，做好省级农业面源污染防治延伸绩效考核，建立资金分配与污染治理工作挂钩的激励约束机制。探索构建农业绿色发展指标体系，适时开展部门联合督查，对农业绿色发展情况进行评价和考核，压实工作责任，确保工作纵深推进、落实到位。坚持奖惩并重，加大问责力度，将重大农业农村污染问题、农村人居环境问题纳入督查范围，对污染问题严重、治理工作推进不力的地区进行问责，对治理成效明显的地区予以激励支持。

第七章　加强社会治理，走向乡村善治

第一节　加强基层党组织建设，是乡村治理的重中之重

实施乡村振兴战略，是党的十九大做出的重大决策部署，是决胜全面建成小康社会、全面建设社会主义现代化国家的重大历史任务，是新时代"三农"工作的总抓手。党的十九届五中全会提出"优先发展农业农村，全面推进乡村振兴"，要求坚持把解决好"三农"问题作为全党工作的重中之重，走中国特色社会主义道路，全面实施乡村振兴战略，为我们进一步推动农业全面升级、农村全面进步、农民全面发展提供重要保障。对此，要不断加强农村基层党组织对乡村振兴的全面领导，通过建强基层党组织为更好地实施乡村振兴战略提供政治保证。

党的基层组织是党在社会基层组织中的战斗堡垒，是党的全部工作和战斗力的基础。新形势下基层党组织工作开展得怎么样，直接影响到党的凝聚力、影响力、战斗力的充分发挥。农村基层党组织是党直接联系群众的纽带，是党的理论和路线方针政策的直接执行者，是推进乡村振兴战略走好"最后一公里"的关键。全国 128 万个农村基层党组织 3500 万名农村党员广泛分布在乡村大地上，构成了严密的组织体系，具有团结带领亿万农民创造美好幸福生活的强大组织力。可以说，农村基层党组织强不强、基层党组织书记行不行，直接关系乡村振兴战略实施的效果好不好。只有打造千千万万个坚强的农村基层党组织，培养千千万万名优秀的农村基层党组织书记，发挥好党组织战斗堡垒作用和党员先锋模范作用，才能把基层党组织的组织优势、组织功能、组织力量分发挥出来，把广大基层党员和群众的思想、行动、力量、智慧凝聚起来，使他们凝心聚力投身到乡村振兴中去。因此，我们在推动实施乡村振兴战略的进程中，必须把农村基层党组织建设摆在更加突出的位置来抓，充分发挥党组织战斗堡垒作用和党员先锋模范作用。

坚持农村基层党组织领导地位，是坚持和加强党的全面领导的内在要求，也是实现农村经济社会健康发展的根本保证。总体上看，党的十八大以来，各地各部门对农村基层党组织建设越来越重视，农村基层党组织的领导地位不断巩固，为农村改革稳定发展提供了坚强保证。但也要看到，还有少数地方和部门对坚持农村基层党组织领导地位、更好发挥领导作用等方面，在认识上存在偏差，在实践中尚未完全落实。对此，必须把坚持和加强

农村基层党组织领导贯穿始终，既要在思想上不动摇、不含糊，又要在实践中找路径找方法，进一步健全组织体系，完善制度机制，采取务实管用的措施，确保农村基层党组织的领导实实在在地落到实处。

以加强基层党组织建设推动乡村振兴，关键是找到建强农村基层党组织的现实路径。要以农村基层党组织建设为主线，突出政治功能，提升组织力，把农村基层党组织建设成宣传党的主张、贯彻党的决定、领导基层治理、团结动员群众、推动改革发展的坚强战斗堡垒。

第一，要抓班子、强队伍，提升基层党组织的组织力。乡村要发展得好，很重要的一点就是要有好班子和好带头人。要坚持尽锐出战，重点突破，把作风扎实、攻坚能力强的党员干部放在乡村振兴工作的前沿，把强大的力量、优势的资源下沉到组织建设相对薄弱、脱贫攻坚任务艰巨的地方，把实施乡村振兴战略作为培养锻炼干部的平台，调动和激发党员干部积极投身乡村振兴的伟大实践中。同时，还要持续强化"领头雁"工程建设，抓好支部书记这个"关键少数"，不断强化农村两委班子力量，多措并举锻造一支靠得住、信得过、顶得上的党员干部队伍。

第二，要建"堡垒"、树旗帜，提升基层党组织的战斗力。要深入推进抓党建促乡村振兴，加强基本队伍、基本活动、基本阵地、基本制度、基本保障建设，持续整顿软弱涣散村党组织，着力引导农村党员发挥先锋模范作用。要注重吸引高校毕业生、机关企事业单位优秀党员干部等人才到乡村任职，以知识、能力充实党支部，提高党支部领导和服务发展的能力。要着力打造坚强的基层战斗堡垒，组织党员在议事决策中宣传党的主张、执行党组织决定，将党员力量展现在基层治理、产业发展、脱贫攻坚等工作的方方面面。要推动党员在乡风建设中带头示范作用，带动群众全面参与。密切党与群众的联系，了解群众思想状况，帮助他们解决实际困难，引导农民群众以饱满的热情、昂扬的斗志，积极投身到推动乡村振兴中来。

第二节　践行基层民主，切实推进村民自治

一、村民自治现状及问题

《中华人民共和国村民委员会组织法》颁布实施 20 多年来，以民主选举、民主决策、民主管理、民主监督为主要内容的村民自治制度已在广大农村牧区基本建立，村民的选举权、决策权、参与权、知情权、监督权基本得到落实，这为推进社会主义民主政治建设奠定了坚实的基础。但是，一些影响和制约村民自治的矛盾和问题仍十分突出，在一定程度上阻碍了基层民主的推进。

（一）农村牧区"三三制"格局的形成

随着经济体制改革的快速发展和城市化进程的加快，城乡二元结构逐步被打破，农村牧区人口流动加大，农村牧区的"三三制"格局出现，三分之一的农村牧区由于大量青壮年劳动力转移到城市，变成了"空壳村"，"留守老人""留守儿童"现象十分普遍，村里甚至无法召开村民会议和村民代表大会，自治难以开展。三分之一农村牧区的农牧民在本乡本土基本还能维持生活，但集体经济微弱，村民对村级事务漠不关心，民主参与管理意识弱。三分之一是城郊接合部的农村牧区，大多数农牧民已失去土地和原有的劳动方式，靠集体经济或租房打工为生，参与村级事务的意识高涨，选举竞争激烈。大量外来人口移居成为当地居民，也有参与自治的愿望，使得矛盾突出，这对村民自治提出了挑战。

（二）基层党组织代替村民自治现象突出

社会主义民主的本质是人民群众当家做主。在广大农村牧区推行村民自治，实际上是保证广大农牧民有效地行使和维护自己的权利，提高他们的民主意识和参政议政能力，自己管理自己的事务，推动农村牧区经济和社会的发展。基层党组织作为村级组织的领导核心，主要职责是把握方向、总揽全局，领导和支持人民当家作主，充分发挥自治组织的作用，这也是我们党执政的要求所在。但在一些地区，基层党组织直接指挥自治组织，或者党支部书记直接领导村主任的工作对村级具体事务直接进行管理和决策，这些一方面影响了村民自治的开展，另一方面，也容易造成基层党组织与村委会的对立、不配合，出现内耗。还有相当一部分地区倡导支部书记和村主任"一肩挑"，尽管避免了内耗、节约了成本、提了了工作效率，但在实际操作中很难平衡二者的关系，不是基层党组织工作代替村民自治，就是村民自治代替党组织工作，并且极易出现集权、腐败等现象。

（三）村委会行政化严重

村委会是村民自我管理、自我教育、自我服务的基层群众性自治组织，与基层政府没有直接的隶属关系。但实际上村委会的直接管理者是乡镇政府，管理模式基本沿用机关自上而下的行政方式。尽管村委会成员是由村民直接选举产生，但由于乡镇政府对村委会的管理采取行政命令的方式，对村级事务大包大揽。特别是农业税取消后，许多地方依靠转移支付维持基层组织，村干部的工资由组织部门直接支付，成为党组织和政府的雇员，自治意识逐渐淡化，甚至把自己当成政府官员。相当一部分村委会成员忙于乡政府交办的各项工作，热衷于评比、检查、表彰、开会、挂牌、汇报等，基本没有时间和精力引导村民自主管理村中事务，无法实现自我管理、自我教育、自我服务。村委会作为村民自治组织，在引导村民自治的基础上，也担负着协助基层政府做好与群众密切相关的公共服务，但绝不是包办，更不是政府的组成部分和办事机构。

（四）村民自治缺乏有效的法律保障

改革开放以来，我国的法治建设有了很大的进步，特别是《村委会组织法》的颁布、实施以及修订，极大地推动了基层民主制度建设的步伐，并相继出台了《刑事诉讼法》《行政诉讼法》《选举法》等基层民主的法律法规，进一步完善了基层民主法律体系。但随着经济社会的快速发展，人民群众民主意识、参与的热情和积极性的提高，这些法律法规明显滞后形势的需要，特别是有的法律法规制定时就有缺陷，重实体、轻程序，程序性的内容在实体法中表述、规定过于简单，甚至没有程序的相关内容，对于违法问题缺少法定的解决程序，也没有相应的处理机制，造成大量的基层矛盾无法有效解决，使各种不正当行为有机可乘。现行的《村民委员会组织法》缺乏对村民自治权利保障的法律责任规定，《刑事诉讼法》《行政诉讼法》等相关法律也没有为村民自治权利提供充足的司法救助途径。

二、实现村民自治的方法

村民自治是社会主义基层民主政治建设的一项重要内容，也是广大农牧民群众直接行使民主权利，依法办理自己的事情，创造自己的幸福生活，实现自我管理、自我教育、自我服务的一项基本社会制度。各级党委、政府一定要切实保障人民群众的民主权利，让广大人民群众通过有效的途径参与国家事务的管理，真正实现人民群众当家做主。

（一）尊重农牧民民主权利

基层群众自治是我国社会主义民主政治的一项重要内容。基层群众自治的实现方式是通过村民直接选举把自己信赖的人选出来代自己去管理，并通过民主监督来实现，并不是每个农民直接去管理自己的事务。各级政府要从保障广大农牧民利益的角度出发，切实尊重农牧民的意愿，不要随意干涉群众的民主选举和民主管理，更不能把所谓的组织意图强加到村委会换届选举中，而是要把更多的精力用在完善相关政策、法律及监督落实上，让农牧民在法律的框架下，按照自己的意愿选出自己合心的人，即使选上以后不满意，农牧民也会再按照程序对其进行罢免。当村民把选举真正变成自己的事情时，他们的创造性和积极性就会被激发出来，主人翁意识就会明显增强。村民自己选出的村委会主任和村委会也会对村民负责，能够代表广大村民当好家、服好务，切实维护好村民的各项权利不受侵害，能够全身心地团结带领村民治理自己的家园、创造美好幸福的生活，并能时刻接受村民的监督。基层政府要为群众自治创造条件，让农村牧区的自主力量在公共服务供给、社会秩序维系、冲突矛盾化解等多个领域充分发挥基础性作用。

（二）大力发展农牧业生产

按照统筹城乡发展的要求，加大工业反哺农业、城市支持农村力度，推动新农村新牧区建设资金和强农惠农政策的到位，引导社会资源向农村牧区配置，夯实农村牧区的发展基础。要积极发展现代农业，促进农村牧区发展方式转变，提高农牧业综合生产能力。要大力发展集体经济和专业合作经济，加强农村牧区基础设施建设，拓宽农牧民增收渠道。要加快推进以改善民生为重点的社会建设。组织和引导公共服务覆盖到农村牧区，进一步提高义务教育质量，完善社会保障体系，加强医疗卫生服务网络建设，强化计划生育基层基础工作，加快城乡基本公共服务均等化步伐，推动形成城乡经济社会发展一体化新格局。这是推动村民自治的重要基础。

（三）创新社会管理体制

要加快社会管理体制创新，完善政府职能，切实改变政府对农村牧区社会的行政管理模式，更多的是指导和引导。要积极为农牧民的生产生活提供相关服务，鼓励、激发、尊重、引导村民的自治权利，发挥村委会的自治功能，确立村民主人翁地位和村委会的自治地位。要尊重农民的权利、需求和创造，以此为依据制定和调整政策，更好地指导广大农牧民自治。要加大村干部的培训力度，切实提高他们的科技本领和创业就业能力和依法办事、民主管理、服务群众的能力。要坚决打击和制止利用宗教、宗族势力干预农村牧区公共事务的行为，依法打击农村牧区黑恶势力和各类刑事犯罪，加强社会治安综合治理，维护农村牧区正常生产生活秩序。要始终坚持基层党组织的核心领导地位，进一步改进基层党组织在农村牧区的领导方式，推进党支部带领村民制定村级事务的方针政策，并监督村委会的执行。要大力培育社会组织，鼓励群众建立自己的各类自治组织，更加有效、健康地推进基层群众自治。要支持共青团、妇代会、计生协会、集体经济组织、各类专业合作社等依法、依章开展工作，充分发挥人民团体和社会组织联系群众、服务群众、发展生产的作用，实现政府管理和村民自治的有效衔接。

（四）加快完善相关法律法规

进一步完善《中华人民共和国村民委员会组织法》等相关法律法规，不仅要出台配套的法规，还要有必要的执法手段。并指导基层健全和完善村民自治章程以及村规民约，把民主选举、民主决策、民主管理、民主监督的要求具体化、制度化。积极推进法律进乡村牧区，提高农牧民群众法律意识，引导农牧民群众以理性合法的方式表达利益诉求、维护自身合法权益。要做好规章制度的协调衔接，本着立足当前、着眼长远，对涉及村级治理的规章制度进行系统清理，适合的坚持，不适合的及时废止。要加大对违法违规的惩处力度，切实维护法律的尊严，确保基层群众自治权利的有效发挥。

第三节　加强法治建设，构建乡村治理的法治环境

社会主义和谐社会是民主法治、公平正义、诚信友爱、充满活力、安定有序、人与自然和谐相处的社会。法治既是和谐社会的必备要素，又对社会主义和谐社会的形成发挥着重要作用。建制村是我国农村最基层的自治组织，9亿农民60多万个建制村，构成了我国社会最庞大的社会基础。农业和农村的急剧变革使农村市场主体多元化，国家、集体、个人各个利益主体之间的摩擦、碰撞、冲突大大增加，而且更多地表现为一种法律关系和利益上的法律冲突。据有关部门统计，目前群众在来信和上访中提出的问题70%左右都与法律有关。显然解决新时期农村的社会问题和社会矛盾既需要运用行政、经济和思想教

育的手段，更需要运用法律的手段发挥法律调节、规范、惩戒、保护的功能来维护农村的社会稳定。

一、农村法治建设滞后的原因分析

近 30 年来，我国农村法治建设取得了长足的进步。但是还存在着一些不足，主要体现在两个方面：第一，农村存在不容忽视的矛盾和问题。有邻里之间发生的争田、争水、争林、争宅基地等矛盾；有些农民因为不懂法、不守法酿成的恶性刑事案件，而且"私了"现象较多，有的人以习惯代替法律发案不报；还有些地方农民生活散漫，文化生活贫乏；也有因为基层干部作风简单粗暴，甚至违法违纪而引发各种矛盾等。现阶段，我国还存在因发展工业而导致损害农村环境的情况，如城市的污染向农村转移，小化肥厂、小造纸厂、小冶炼厂等企业对农村环境造成破坏的情况。第二，"村干部"腐败造成了恶劣影响。个别乡镇干部以言代法、以权压法，区域内依然是传统的人治氛围。有极少数基层干部被地方势力、家族利益所左右，利用自己手中的权力想方设法谋取私利，存在以权谋私、假公济私、中饱私囊的现象，有的甚至违法乱纪无视农民群众的合法权益。党群关系、干群关系在一些地方出现裂痕甚至造成一些群体事件。造成农村法治建设滞后的原因是多方面的，主要有以下几点：

（一）经济发展滞后是造成农村法治建设滞后的根本原因

长期以来，由于城乡二元经济结构和管理体制的存在，在全面推进现代化的进程中农村和农业虽然也有了一定的发展，但农村的发展远远落后于城市，农业的发展落后于其他行业。农村经济发展滞后必然影响农村的政治文明和精神文明建设的进程、影响法治建设水平的提高。

（二）落后的社会文化环境对法治建设产生消极影响

农村地区的法律文化形态是整个社会文化形态的重要构成部分，两者息息相关。局部农村地区经济和社会文化事业发展相对滞后，造成乡村文化生活贫乏苍白。在一些社会文化环境较差的地方，文化设施极为缺少，文化活动品位不高。有的地方赌风盛行、迷信成风。有的青少年无事而滋事，以至于违法甚而走上犯罪之途，导致青少年的违法犯罪率居高不下。

（三）农民法律意识淡薄直接影响法律发挥应有的作用

广大农村虽然经过 20 多年普法，但是依然有很多农民对法律认识不深、了解不足。村级实行村民自治制度，但是广大农民对参政议政缺少积极性和主动性，选举在一些地方流于形式，拉票贿选现象时有发生。在村务管理方面，缺少集体感和大局意识、参与意识。随着社会的发展，土地资源日益紧张，农村干部在征地、土地承包等过程中容易发生腐败现象。农民群众受封建思想影响，对法律的权威认识不深，不愿采取法律手段维护自身的合法权益。有些村干部法律知识缺乏、法治观念淡薄，没有真正做到依法治村。

（四）农村地区的立法及执法跟不上，也是制约其法治建设的重要因素

随着农村家庭联产承包责任制的实施与完善，以及农村社会经济文化的不断进步，涉及农业农村和农民问题的法律问题越来越多，但事实上关于农业农村和农民问题的法律法规却不完善，进而影响了农村民主法治建设工作的稳步推进。与此对应的是农村的执法工作也存在不少的漏洞。目前存在的问题有执法机构不健全、执法人员素质不高、执行困难等，这些问题也是导致农村地区民主法治程度不高、民主法治建设工作难以进一步推进的重要原因。

二、进一步推进农村法治建设的对策思考

我国作为一个农业大国，农业是国民经济的基础，9亿农民是中国最大的社会群体。这一基本国情决定了加强农村法治在依法治国的方略中居于特殊地位，具有十分重要的作用。构建和谐社会，必须进一步推进农村法治建设。

（一）建立和完善农村法律法规

加快制定和完善规范农村政治、经济、社会生活的法律法规使农村各项工作有法可依。要注意和重视乡村社会中的那些经过人们证明有效的习惯、惯例创建适合中国农村特点的法律内容和体系。乡规民约是村民委员会治理乡村的有效工具，是村民应遵守的行动准则。要制定符合本村实际情况的乡规民约，发挥其在乡村治理中的作用。农村经济落后、生活贫困的根本原因是农村教育事业落后。我国目前农村劳动力的文化素质和技术素质普遍较低，大多数农民只掌握了粗放型、浅层次的劳动技能。因此，为了保证农村劳动力有效转移到能获得更大利益的就业岗位上，必须提高农村劳动力的基本素质，强化农村劳动力的培训工作，大力发展农村教育，制定有关农村教育的法律法规，保证农村教育的健康发展。

（二）抓住当前影响农村社会稳定的主要矛盾，加强法制教育

加强农村法制教育，如土地承包方面法律政策的宣传教育、信访法律法规的宣传教育等，不断提高法制教育的实效性。在普法方式上，改变空洞说教、强行灌输的办法，采取文艺汇演、现身说法、法制书画等多种形式寓法于事、寓教于乐，使广大农民在潜移默化中接受法律熏陶，提高法律素质。加强对基层执法人员的业务培训，确保农村法治环境公平公正。加强基层民主建设按照"依法建制、以制治村、民主管理"的原则，着力提高村民自我管理、自我教育、自我服务、自我监督的能力，切实做到村民的事村民定、村民的事村民办。

（三）加强农村的法律服务

提高执法质量是法治建设中的关键环节。应从改革执法体制、构建执法新模式、建立健全农业执法程序制度、提高执法人员的素质、强化执法监督等方面提高执法质量。基层法律服务是帮助广大农民了解法律、运用法律手段化解矛盾和纠纷、依法维护自身合法权

益的一项重要工作。法律援助是国家和社会为贫者、弱者和残障人士无偿提供的法律帮助制度。这项制度对农民特别是经济困难、无钱诉讼的农民来说显得特别重要。它使农民的权利得以维护，充分体现社会公平、正义，体现法律面前人人平等。应大力发展这一制度，不断加强法律援助机构建设，切实为农民利益服务。

（四）重视农业可持续发展的法治保障

通过法律的保障机制实施可持续发展战略的关键是要正确处理以下几方面的关系：发展经济与保护资源的关系、发展经济与保护环境的关系、发展经济与农村人口控制的关系、城乡协调发展的关系。相关法律的制定要体现可持续发展的精神，执法、司法要严格依法办事。

第四节　加强德治建设，筑牢乡村治理的精神支柱

改革开放的 40 多年，让我国的社会经济有了长足的进步，现代化的进程也在社会的不断发展中继续向前推进，给当前乡村的社会结构带来了很大的改变。虽然当前乡村的整体硬件设施旧貌换新颜，乡村当中也出现了类似于村庄空心化、人口老龄化、乡村的乡土氛围被打乱等问题。在现代化发展的道路上，我们已经走出了第一步，然而后续如何让整个社会变得更加和谐，让人们在社会当中生存更加具有幸福感，则是需要我们进一步细致研究的问题。在乡村当中重塑乡村居民的道德观，着重强调德治对乡村治理的重要性，或许是未来改变乡村当前状况，优化乡村治理结构的突破口。

一、当前乡村德治面临的困境

（一）新旧社会形态交替导致的社会结构重组

乡村可以说是我国社会发展的基础，也是整个中国社会结构的最核心底牌。在过去的几千年历史当中，中国一直都是一个农业大国，以农耕文明著称于全世界。这种社会结构一方面是由于农业生产确实是我国长久以来的经济支柱，另一方面由于我国的社会结构一直是以乡村为典范进行延伸的。如果细致观察可以发现在过去很长时间里，中国的城市是由乡村社会结构延伸出来的，从形成的本质上来说，仍然遵守着乡村当中的社会范式。根据费孝通先生的社会学著作《乡土中国》来看，整个中国社会，无论是乡村还是城市，都是以乡土社会的结构来组织的。改革开放 40 多年以来，现代化的思想和发展模式进入中国，并且对整个社会的结构进行了重组和改变，这使乡土社会的结构开始瓦解。在新的生产方式和生产关系开始构建的前提下，乡土社会结构的瓦解是一种必然的趋势。新社会结构的建立是以城市经济的快速发展为基础而形成的。在这种情况下，城市真正成为整个社会当中经济、文化、政治以及其他多方面元素的主导，这时乡村也开始跟随城市改变自身

的社会结构。然而城市具有趋向现代化社会结构的经济基础和社会基础设施，乡村却不具备相关的基础。同时，乡村作为千百年来中国乡土社会的根源，在这种新的社会结构和思想意识进入的情况下，就会产生与以往社会结构之间的冲突，现代与前现代社会思想的对立，使乡村的思想状况产生了混乱。纵观当前的中国乡村，这种现象比比皆是，只是在经济发展程度不同的地区会存在两种思想程度不同的现象。

（二）多元化的价值观弱化了道德影响作用

改革开放40多年以来，乡村的社会结构并未彻底改变，依然维系着以地缘和血缘为基础的社会结构，但是城市的发展却吸收了乡村当中众多的青壮年劳动力，这使乡村出现了空心化的现象。原本以熟人社会为基础的乡土社会结构，逐渐演化成了无主体的熟人社会。乡土社会的地缘性逐渐减弱，传统的乡村精神部分解体，农民自主选择行为空间扩展。在这种情况下外流的青壮年劳动力在城市当中获得了经济上的更多收入和价值观上的更多改变，回到乡村以后，面对以往熟人社会当中的道德舆论作用，表现出的是抵触，这种经济上的收入增加也会使人们对于道德的约束作用产生怀疑，弱化了道德在乡村的约束作用。

同时还要看到，复杂多变的环境使乡村社会呈现出焦躁不安、分散作业的局势，乡村从共同体走向了分散化，村民的个体意识逐渐被放大，而公共精神逐渐被消解，利益至上的思想逐渐成为主流的价值观，而村民的集体行动能力则变得越来越有限。

二、在乡村中优化德治作用的策略

（一）发展乡村产业

孟子说："民之为道也，有恒产者有恒心，无恒产者无恒心。"想要在今天的乡村当中稳定社会秩序，构建乡村德治体系，让乡村的人文环境进一步优化，就必须要先让村民拥有良好的经济收入。事实上，帮助村民提高经济收入，建设好乡村的集体经济，也是当前乡村振兴战略中的重要思想。

我们要了解乡村当中有其固有的生产资源，比如说土地以及因地制宜而种植的农作物等。由于以往的生产水平有限、技术水平不高，农村地区一直以简单的农业生产为主要的经济收入方式，但是在今天现代农业快速发展、经济体量不断增大、网络经济异军突起的情况下，城市中的发展可以反哺农村，让农村地区根据以往的农业生产延长产业链，形成良好的农村本地产业。

（二）建设乡村文化

传统文化是乡村德治的重要资源，虽然新的社会变迁导致乡村道德规范发生改变，但是大量的优秀传统文化仍存在于农村，尤其是传统的民间习俗，经历了一个不断积累的漫长过程，是乡村丰富的文化遗产，可以在乡村振兴中焕发出新的生机。因此，想要拓宽德治作用的空间，必然要加强乡村文化建设。一方面，需要很好地挖掘传统乡规民约的有益因素，使其更好地实现维护乡村秩序的"习惯法"作用，转化为更为合理、更为先进、更具现代性的良规益约；另一方面，要重视家庭文化的养成，将体现社会主义核心价值观的现代文化融入家风建设中，以家庭为基本单元，有效引导和影响村民重塑乡风，更好地发挥乡村治理中进步文化的力量。

（三）健全组织体系

现代乡村德治主体是多元化的有机组合，治理主体包括组织和个人。构建乡村德治建设的完整组织体系，就要建立起以基层党组织为领导、村民自治组织为基础、各种协会组织和群众性组织为补充的德治建设体系，将基层德治建设向组级延伸。基层党组织是乡村德治的核心力量，在基层党组织的领导下，紧紧抓住乡镇领导干部、村两委、党员这些"关键少数"，充分发挥各个乡村组织的作用，依规立德，建立有效的礼治秩序，倡导文明的生活方式，形成符合乡村实际的道德规范，引领基层德治建设，建立起新的农村社会道德治理体系。

综上所述，乡村振兴战略需要拥有全面性、系统性和针对性的乡村道德治理模式，必须有效调动乡村治理的多方面力量，以党组织干部为先锋，带领村民共同努力建设良好的乡村人文环境，让德治真正在村民的日常生活中起到作用。通过强化乡村德治建设，提升村民的良好道德观念和思想道德素质，打造乡村建设和治理的内推力，从而达到乡村"善治"的最终目标，给予村民更多的幸福感。

第八章 建设业兴人和的社会主义新农村

第一节 推进学前教育普惠发展，实现幼有所育

自 2010 年以来，我国农村学前教育的发展得到了社会空前的关注，政府在其所颁布的政策文件中不断强调要"重点发展农村学前教育""提高农村学前教育普及程度""努力扩大农村学前教育资源"，将农村学前教育发展提上了重要议程。在一系列政策的推动下，农村的学前教育取得了一定的成效，幼儿的入园率不断提高，普惠性学前教育资源不断增加，教师队伍规模不断扩大，教师的平均学历水平也在不断提高。但当前农村的学前教育仍是我国学前教育发展中的薄弱环节，学前教育普及率低、普惠性学前教育资源短缺、教师的数量不足、队伍的稳定性差、专业化水平不高，保教质量较低、小学化倾向严重等问题长期困扰和制约着农村学前教育的发展，农村地区儿童接受普惠且有一定质量的学前教育的需求仍然不能得到满足，因此，我国学前教育发展的重点、难点和突破口依然在农村。本节笔者通过分析《国家中长期教育改革和发展规划纲要（2010—2020 年）》（下文简称《纲要》）颁布以来在我国农村学前教育发展过程中的突出问题，阐述影响农村学前教育发展的因素，并提出推进农村学前教育发展的对策，从而为明确学前教育发展的方向提供借鉴。

一、我国农村学前教育发展过程中存在的主要问题

长期以来，受经济、文化、历史等多种因素的影响，农村学前教育一直是我国学前教育发展的短板。但在国家大力发展学前教育一系列举措的推动下，特别是《纲要》提出要将其作为今后我国学前教育发展的三大重要任务之一，农村学前教育的发展受到了高度重视，农村学前教育教学的条件得到了较大的改善。但从总体上看，我国农村学前教育仍然存在着严重问题，如普及率较低、普惠性教育资源缺乏，幼儿教师队伍数量不足、稳定性差、专业化水平不高，学前保教质量低、小学化倾向严重等。

（一）农村学前教育普及率较低，普惠性学前教育资源缺乏

自《纲要》颁布以来，随着农村学前教育推进工程的启动、两期"三年行动计划"的实施，我国农村学前教育事业得到了快速发展。农村幼儿园数量、班级数量大幅增加，农村学前教育普及率有较大提升，但农村仍有许多适龄儿童无法接受学前教育。2015 年，

我国学前三年的毛入园率为75%，其中，城市地区已接近100%，而农村地区（乡、镇、村）只有60%左右，经济欠发达地区情况更为严重。2014年，我国学前三年的毛入园率为70.5%，甘肃58个县学前三年的毛入园率仅为52.8%。可见，我国农村学前教育的承载力依然不够，现有学前教育资源仍然无法满足适龄儿童的需求，农村幼儿入园难问题依然存在。

另外，农村普惠性学前教育资源严重短缺，农村幼儿"入园贵"的局面依然没有得到改善。尽管自2010年以来新增学前教育资源开始向农村倾斜，农村幼儿园数量得到大幅增加，但教办园、公办园的占比仍较低。除教育部门办园外，其他部门办园及地方企业、事业单位、集体单位办园的占比在不断下降。民办幼儿园数量的占比尽管也在不断下降，从2011年的62%降到2015年的53%(数据来自2011年、2012年、2013年、2014年、2015年《中国教育统计年鉴》中学前教育的乡村部分，所占比例由笔者根据原始数据计算而来。下文中的数据若无特殊说明，均如此)，但民办园的占比仍然达到农村幼儿园总数的一半以上，这距农村地区构建公益普惠性的学前教育公共服务网络的目标还存在较大差距。因此，扩大普惠性学前教育资源和提高学前教育的普惠性，仍是今后我国农村学前教育发展的基本方向。

（二）农村幼儿教师数量不足、稳定性差、专业化水平不高

衡量教师队伍建设水平的依据主要有三项指标：充足性、稳定性和专业性。自《纲要》颁布以来，我国农村地区新建、改建和扩建了一批幼儿园，幼儿园覆盖率不断增加，幼儿教师队伍的规模不断扩大、专业化水平也在不断提高。但从总体上来看，幼儿教师队伍建设仍是我国农村学前教育发展的软肋，主要表现为教师队伍数量不足、稳定性差、专业化水平不高。

（1）农村幼儿教师队伍数量不足。建设一支数量充足的幼儿教师队伍是促进我国农村学前教育发展的基本条件。教师的工资待遇低，再加上教学条件较差、教学压力大等原因，造成农村地区幼儿教师短缺、大班额的现象十分严重。

2013年颁发的《幼儿园教职工配备标准（暂行）》规定：全日制幼儿园保教人员与幼儿的比例为1：7至1：9(包括专任教师和保育员)。假设按照保育员和专任教师同等配备，加上保育员的数量，2015年的专任教师与幼儿的比例由1：33降到1：16.5，仍未达到1：7至1：9的标准。教师数量不足，幼儿人数过多，教师无法照顾到每个幼儿，这不仅影响了教师与幼儿之间的互动，易造成安全隐患，而且使幼儿难以接受高质量的教育。

（2）农村幼儿教师队伍的稳定性差。队伍的稳定性关系到幼儿教师队伍的建设。农村地区幼儿教师由于受到职业身份认同模糊、工资待遇较低、工作压力较大、社会认可度低、幼儿园制度环境缺失等因素的影响，对其所从事的职业难以保持长久的热情，导致其流动性较大。此外，农村地区的幼儿教师大多是临时聘任的，教育行政部门未能将编制外的幼

儿教师纳入统一管理体系之中，其工资待遇、职称评聘、评优评先等权利得不到保障，与中小学教师的待遇存在着非常大的差距。特别是在民办园中，教师与幼儿园之间实质上是一种雇佣关系，一旦用人单位对教师的表现不满意就可随时解雇，教师也可随时离岗。这必然导致教师的频繁流动，既影响了保教活动的连续性，同时也不利于幼儿的身心发展。

（3）幼儿教师队伍的专业化水平不高。幼儿教师的专业化水平是影响保教质量的关键。一般来说，教师的专业化水平越高、接受的专业系统训练越多，就越能捕捉幼儿的需要和兴趣，从而可以给幼儿创造更适宜的教育环境。教师的学历结构、是否取得教师资格证、职称的高低是衡量教师专业化水平的三个重要指标。当前，我国农村地区幼儿教师队伍的专业化水平不高，主要体现在以下三个方面：一是农村地区幼儿教师的学历以专科及专科以下学历为主。近年来，我国农村幼儿园教师的学历总体水平在不断提升，研究生、本科生、专科毕业生的占比不断上升，高中以下学历人数的占比不断下降。但从总体上看，农村幼儿教师队伍的学历仍然较低。2015年，专科以下学历教师的占比仍达到41%。二是农村地区幼儿教师中无教师资格证的人较多。取得幼儿教师资格证不但是教师从事幼儿教育工作的基本条件，而且是建设专业化幼儿教师队伍的重要保障。由于受到工资待遇低、教学压力大和社会认同感低等因素的影响，农村幼儿园对高质量、高素质和高学历的教师吸引力不足，只能靠招收低学历者满足其数量要求，而这些从业者大多学历不够或专业素养不高，难以取得幼儿教师资格证，达不到专业化幼儿教师的要求。调查表明，在现有的农村幼儿教师队伍中，取得教师资格证的人数较少，无幼儿教师资格证的教师占到44%左右。三是农村地区幼儿教师中未参与评职称者占绝大多数。教师取得的职称等级越高，在一定程度上表明其专业化水平越高。2011年以后，我国农村地区幼儿园教师的职称等级呈现出上升趋势。但也应看到，幼儿教师队伍中未评职称的较多，且占比在不断上升。2015年，农村幼儿教师队伍中未评职称的占比为78%。截至目前，农村幼儿教师评职称难的情况依然没有得到改善。因此，提高我国农村地区幼儿教师的学历水平，提升其专业素养，严把"入口关"，仍是今后我国农村学前教育发展的重要任务。

（三）农村学前教育质量低，小学化倾向严重

当前，我国农村幼儿园保教质量总体水平较低。从结构性质量来看，农村幼儿园的师幼比过高、教师学历较低、培训机会少、玩教具配备不足，幼儿园开展保教活动缺乏良好的条件支持。2014年，我国农村地区幼儿园的师幼比为1∶36，远未达到国家规定的标准。特别是在经济欠发达的农村地区，大班额现象仍十分突出，班级规模达到60～70人是较为普遍的现象。很多农村幼儿园基础设施落后，玩教具投放不足，且自制玩教具数量较少，水池、沙池、植物角等更是少见。从过程性质量来看，教师的专业能力较弱、课程和一日生活安排缺乏科学性，小学化倾向严重。中央教育科学研究院对我国5个国家扶困工作重点县中435个幼儿园的调查结果显示，这些幼儿园中的教师在环境创设与利用、生活、组织与保育、支持和引导游戏活动等各环节所表现出的能力，均处于低端水平；在课桌椅摆

放、教室布置和一日生活作息等方面，只有 1/3 的班级符合要求；在课程资源与教材使用方面，只有 43% 的班级符合要求。结构性质量和过程性质量较低，导致结果性质量较低，所开展的保教活动难以保障幼儿在身体、语言、认知、情感和社会性等方面获得良好发展。

二、影响我国农村学前教育发展的因素

（一）各级政府对农村学前教育的认识存在偏差

各级政府对农村学前教育的认识存在偏差，是导致我国农村学前教育发展滞后的第一因素，主要表现为两个方面：一是对学前教育的性质和作用认识不到位。学前教育是一项准公共产品，公益性是其根本属性，各级政府应在农村学前教育发展中切实履行职责，将发展农村学前教育视为关系农民就业和家庭幸福的重要民生工程。长期以来，由于对学前教育的公益性认识不到位或认知存在偏差，部分地方政府只看到学前教育的"非义务性""非公共性"等性质，将学前教育盲目推向市场，而没有切实承担起其在规划、管理、投入等方面的职责，更没有将农村学前教育摆到改善民生的重要位置。二是发展农村学前教育的思路存在偏差。近年来，各级政府采取了积极规划，加大财政投入、资源建设力度等一系列举措促进农村学前教育的发展，幼儿园数量从 2011 年的 58684 所扩大到 2015 年的 77260 所。特别是教育部门办园数量从 2011 年的 13938 所扩大到 2015 年的 28751 所，幼儿"入园难""入园贵"等问题得到了一定程度的缓解，但也只是解决了显性层面的问题。一些地方政府为追求政绩工程、形象工程的进度，将发展农村学前教育简单地视为大干快上的建园、重点建设乡镇园，片面追求数量的扩充而忽视其内涵发展，农村学前教育仍然难以获得持续性的发展。

（二）农村学前教育管理责任主体重心过低

《关于幼儿教育改革与发展的指导意见》（以下简称《意见》）中提出，乡（镇）人民政府承担发展农村幼儿教育的责任。《意见》确立了乡镇政府管理农村学前教育的主体责任，对于调动基层政府参与农村学前教育管理的积极性有一定的促进作用。在以往的财政体制中，乡镇一级政府可以通过征收教育费附加和教育集资获得稳定的财政来源，用以发展农村学前教育。在实行税费改革以后，各级政府的财权逐渐上移，教育费附加由县级政府收取，乡镇政府财力减弱，致使有些地方只能靠变卖土地来筹措经费，导致学前教育缺乏充足和稳定的经费保障。此外，随着我国政府机构改革的推进，不少县市撤并了学前教育管理机构，大多数地方取消了乡镇教育委员会，农村学前教育主要依靠镇中心幼儿园来管理，缺乏专设管理机构和人员，无法履行业务指导和行政管理职能，致使农村学前教育管理力量不足或是处于空缺位置。尽管学前教育"国十条"提出"以县为单位编制实施学前教育三年行动计划"，进一步强化了县级政府在学前教育中的管理责任，但以县为主的学前教育管理体制仍然缺乏制度层面的保障，多数地方的管理责任仍然落在乡镇一级。县级政府没有履行管理的主体责任，导致管理责任主体的重心过低。

（三）农村学前教育财政性经费投入不足

学前教育财政性经费投入是学前教育经费投入的重要组成部分，反映了一个国家对学前教育的重视程度。尽管随着中央和地方政府投入学前教育力度的不断加大，学前教育财政性经费在教育财政性经费中的占比大幅增加。例如，2010 年全国财政性学前教育经费占比为 1.6%，而这一占比在 2016 年达到了 4%，比 2010 年翻了一番多。但我国学前教育财政性经费投入总体仍然较低，与同时期我国学前教育的普及率目标严重不相适应。2011年，财政部颁发《关于加大财政投入支持学前教育发展的通知》规定，中央财政重点支持四大类：校舍改建类、综合奖补类、幼师培训类、幼儿资助类。其中，校舍改建类指的是扩大中西部农村学前教育资源，包括利用农村闲置校舍改建幼儿园、农村小学增设附属幼儿园、开展学前教育巡回支教试点三个项目。这些项目都主要通过扩大资源、增加总量的方式来提高农村学前教育的普及率，而没有涉及成本分担、日常运转费用等方面的内容。此外，我国学前教育财政性经费投入在城乡、区域之间分配不公，有限的经费大多投入示范园和公办园，而对农村学前教育机构的扶持则较少。以 2013 年为例，我国农村地区政府分担学前教育成本的比例仅为 29.92%。我国的城乡二元经济结构使农村经济发展水平要远低于城市，再加上分税制改革使财权不断上移而事权却在不断下移，农村学前教育发展的责任主要落在最基层的乡镇一级，但乡镇在财政体制改革过程中几乎完全丧失了财权，无力为我国农村学前教育的发展提供物质保障，从而制约了农村学前教育的发展进程。

（四）农村幼儿教师管理制度不完善

长期以来，受幼儿教师政策的制约和农村学前教育现状的影响，我国农村地区的幼儿教师一直处在不良的生存状态中，面临着诸多的生存困境，如身份和地位堪忧、工作压力大、工资待遇低、专业成长面临困境等，影响了农村幼儿教师队伍的稳定，更影响了农村学前教育的质量。幼儿教师作为我国基础教育教师的重要组成部分，其法律身份一直未能得到明确，常被附带于中小学教师之后，而不被视为独立的教师群体。当前，我国农村幼儿教师主要由公办园编制内教师、公办园编制外教师和民办园教师三类群体组成。受教师身份制管理的影响，现有的政策主要惠及的是公办园编制内教师，而公办园编制外教师和民办园教师则被排除在政策之外。教师身份的不明导致幼儿教师的工资、待遇、职称、培训等一系列权益得不到切实保障。有学者调查了中部地区农村幼儿教师的工资待遇，发现有 87.21% 的教师月工资收入在 1500 元以下。幼儿教师的工作强度大、教学任务繁重，导致其幸福感较低，难以用饱满的热情投入教学工作中。同时，幼儿教师的职称没有从中小学教师职称序列中分离出来，所占的编制名额较少，与庞大的幼儿教师群体不对称。在少量的编制名额中，农村幼儿教师所占的编制名额更是少之又少，大多数农村幼儿教师是聘任制教师，还有相当一部分农村幼儿教师没有和其所任教的幼儿园签订劳动合同，其导致各项权利得不到法律的保障。

三、推进我国农村学前教育发展的建议

（一）各级政府要切实履行其职责

学前期是人的大脑发育最为快速的时期，是个体智力因素和非智力因素形成和发展的关键时期。发展农村学前教育，特别是经济欠发达地区的学前教育，不仅有利于受教个体在认知、情感和社会性等方面的长远发展，而且有助于我们从起点上打赢脱贫攻坚战，阻止贫困的代际传递。在当前的学前教育发展背景下，农村学前教育仍是发展的重点。第一，各级政府要正确认识学前教育的性质和作用。农村学前教育是我国学前教育事业的重要组成部分，各级政府要充分认识学前教育的公益属性，高度重视农村学前教育的发展，并切实履行其在制订发展规划、财政投入、教师队伍建设、管理与监督等方面的责任。各级政府要将农村学前教育发展纳入其经济和社会发展的总体规划、新农村建设规划、脱贫攻坚计划，根据现有的幼儿园数量、适龄儿童数量及其变动趋势，科学安排、合理规划，做好新建、改建和扩建幼儿园工作，不断扩大普惠性学前教育资源，确保农村每位幼儿都有机会入园，并且在合理的成本分担前提下入园。第二，各级政府要注重农村学前教育的内涵式发展。在确保幼儿"有园入""能入园"的同时，还要争取让每个幼儿"入好园"。在发展农村学前教育的过程中，要扭转部分地方政府片面追求数量和规模的倾向，促进农村学前教育的资源扩大与内涵提升的同步发展。各地政府应注重改善园舍条件、提供适宜的玩教具、提高教师的专业素养，多措并举提高农村学前教育质量。

（二）推进"以县为主、乡镇参与"的农村学前教育管理体制

管理体制在我国学前教育事业发展中起着调控、组织、领导、协调等重要作用，是保障我国学前教育可持续发展的"龙头"。当前，我国农村学前教育管理责任主体重心过低、机构和人员设置不健全，尤其在义务教育实行"以县为主"管理体制以后，农村学前教育管理责任主体重心过低的问题越发突出。因此，应在坚持省级统筹的基础上，建立和落实"以县为主乡镇参与"的农村学前教育管理体制。首先，明确县级政府在农村学前教育中的主体责任，由县级政府负责幼儿园的规划布局、公办幼儿园的建设、教师的配备和工资保障与经费筹措、对幼儿园的行政管理和业务指导等工作，并不断加强检查和监督。其次，积极调动乡镇政府参与农村学前教育管理的积极性。明确乡镇政府在幼儿园安全管理、新建幼儿园土地的落实、周边环境整治等方面的责任，并做好与县级政府的沟通协调工作。另外，"以县为主、乡镇参与"的农村学前教育管理体制应根据经济发展水平的不同，调整管理责任的主体重心，不可"片面化"和"一刀切"。例如，在经济发展水平较高的乡镇，学前教育管理的重心可落在乡镇政府，在经济发展水平较为落后的县，可将学前教育管理的重心上移到省级政府，或是加大中央、省级政府对这些经济发展水平落后县的转移支付力度，以确保农村学前教育的正常发展。

（三）建立"以政府为主导，社会力量参与"的农村学前教育成本分担机制

我国多数农村居民有限的家庭收入除了维持基本的生存和日常开支，可用于分担学前教育成本的资金较少。因此，在农村学前教育中难以实行以社会和市场为主的模式，需要政府承担起主导责任。根据农村经济发展的实际情况，应建立"以政府为主导，社会力量共同参与"的农村学前教育成本分担机制。首先，明确各级政府在农村学前教育发展中分担成本的主导责任，在制度层面明确学前教育在财政性教育经费中的占比，制定学前教育生均公用经费标准和生均财政拨款标准。各级政府要将学前教育经费纳入本级财政预算，制定财政拨款标准，确保财政经费及时拨付到位。各地财政应从土地出让收益中安排一定的专项经费用于农村学校教育校舍改建、设备购置等，以改善农村学前教育条件，提高农村学前教育质量。鉴于农村经济欠发达地区基层政府财政力量较为薄弱的现实，建议加大中央和省级政府对农村学前教育的转移支付力度，并重点向这些地区倾斜，建立对这些地区儿童的资助制度，以确保农村的低收入家庭子女、流动人口子女、留守儿童、残疾儿童等接受良好的学前教育。在政府加大财政投入的同时，还应创新合作机制，鼓励、支持和引导企业、公益组织、慈善家等社会力量在农村开办普惠性学前教育，积极发挥社会力量在农村学前教育中的作用，多方筹措农村学前教育经费，解决农村幼儿家长无力承担保教费用的难题。例如，山东省聊城市冠县采用"民办、公用、共有"的合作模式，以政府为主，吸引了大量的社会资金建设幼儿园，大大提高了社会力量办园的积极性。

（四）健全和完善农村幼儿教师管理制度

农村幼儿教师的各项管理制度涉及对农村幼儿教师在身份、地位、待遇、职称和培训等方面的规定，从根本上关系到教师队伍的专业性和稳定性。从总体上看，我国农村幼儿教师生存状态不容乐观，处于"弱势化生存"状态。要想从根本上突破农村幼儿教师的生存困境，就应健全和完善农村幼儿教师的各项管理制度，为其提供良好的外部环境和制度支撑。首先，应明确农村幼儿教师的身份和地位。当前，我国农村幼儿教师在制度层面处于十分尴尬的地位，既非公办教师也非民办教师，导致其权利得不到保障，因此，应在法律和制度层面打破幼儿教师政策的"身份制"。其次，提高农村幼儿教师的工资和待遇。各级政府应明确农村幼儿教师的最低工资及待遇标准，规定我国农村幼儿教师的最低工资不得低于当地农民工收入的1.8倍或不低于当地最低工资标准；积极探索各级政府购买服务模式，提高非在编教师的工资，并妥善解决其社会保障问题，逐步实现非在编教师与在编教师的同岗同酬。再次，完善农村幼儿教师的职称评定制度。考虑到幼儿教师职业的特殊性，应将幼儿教师职称评审从中小学教师职称评审制度中分离出来，建立单独的幼儿教师职称评审制度，并将农村非公办幼儿教师纳入职称评审的范畴。最后，逐步提高农村幼儿教师的专业素质。积极鼓励农村幼儿教师参与在职进修，以提升其学历；将农村幼儿教师培训纳入当地教师培训的统一规划中，并安排一定的比例向经济欠发达地区倾斜，培养一批高素质的幼儿园园长和骨干教师，全面提高农村幼儿教师队伍的专业化水平。

第二节　推进城乡教育公平，实现学有所教

一、推进城乡教育均衡发展过程中存在的问题

在大力推行素质教育的新形势下，教育公平问题已成为全社会广泛关注的热点。近年来，得益于各级政府的关怀，农村孩子受教育的权利得到了基本保障，但因长期以来形成的二元教育格局，致使城乡教育在设施、师资、教学和管理等诸多方面仍存在不均衡现象，进而造成了城乡学生之间享受平等教育的权利和机会上具有较大差距。城乡教育的不均衡发展所带来的社会矛盾及不稳定因素已逐渐显现，引起了"择校热"和"进城热"，导致出现这一现象的根源就在于城乡教育发展的不均衡。对此，全国各地政府纷纷出台了政策、制定了目标，在促进城乡教育的一体化和现代化方面取得了显著成绩。但受限于各地各校的原有基础条件不同、师资水平各异、认知程度的高低等因素，在具体实施的过程中依然存在一些问题。

（一）办学条件仍不均衡

农村地区小学教室陈设依然简陋、教师办公条件艰苦、学生住宿环境差、运动器械数量不足、活动场地不达标、功能室配备不全、图书资料缺少、教学用具不齐、艺体用具缺乏。另外，农村小学缺少必要的音乐、体育、美术、科技、劳技等设备，滞后的硬件设施使许多学校的教学方式仍仅维持在"黑板＋粉笔"的最低教学层面。

（二）师资力量仍不均衡

优质师资资源的均衡是实现教育公平、教育均衡的关键。但农村学校捉襟见肘的师资配置仍严重制约着教育向公平化和均衡化发展。一是教师结构失衡。农村教师老龄化和专业教师缺乏现象十分突出。二是教师结构配置失衡。一些民办、代课教师转正后成为教学主力军，不少教师普通话不标准、电脑操作不熟练、不会制作课件、教育教学理念落后、管理学生简单粗暴、教学基本功不扎实。三是课程科目配置失衡。在农村学校，语文和数学教师偏多，学科专业的音体美教师严重缺编，很多学校开课不全，有的课程甚至开不起来。

（三）学校生源不均衡

城镇学校人满为患，超大班额现象依然严重，而农村学校却生源不足，门庭冷落。很多农村学校全校的学生数量还抵不上城镇学校的一个年级，甚至不足城镇学校一个班的人数。

二、消减城乡义务教育差距，促进教育均衡发展的措施

如何消减城乡义务教育的差距，促进教育均衡发展，进而保证城乡孩子都享有接受良好义务教育的平等机会，笔者认为应从以下几方面着手。

（一）配置标准的设备，改善农村学校教学条件，是促进城乡教育均衡发展的前提

强化各级政府责任是推进城乡义务教育均衡发展的基本前提。让城乡学校设施一样优质，让孩子们同浴教育公平阳光是各级政府的不懈追求。为了达到这些目标，各级政府一定要加大投入力度，从财力和物力方面给予更多、更大的支持。一是要完善农村学校必备的基础设施。例如，农村学校寄宿制工程、周转房工程和食堂改造的大力实施，能为边远山区的师生改善环境，切实减轻离校较远的家长、学生和老师的经济负担和心理负担，确保了教师的安居乐业和学生的安居乐学。二要按标准配齐、配足六大功能室的设备设施。俗话说："巧妇难为无米之炊。"按照均衡发展标准，配置教学设备、仪器、体育器材和建设各类功能室，加快学校多媒体教室和"班班通"建设；建立学校图书室和班级图书柜，配置适量的图书；建设符合标准的学校活动场地等。三是打造校园文化环境。科学规划、合理设计绿化区域和文化墙，规范布置宣传橱窗校训和名人名言等，营造浓厚的育人氛围。

（二）配置均衡的师资，优化农村教师队伍建设，是促进城乡教育均衡发展的核心

教师队伍素质是促进城乡教育均衡发展的核心要素，机制创新是推进教育师资均衡的关键。可积极采取措施进一步优化农村教师队伍管理，把教师队伍专业化建设作为工作重点来抓，有效激活教师队伍的活力。一是完善农村教师补充机制；二是创新师德师风建设机制；三是建立教师激励关爱机制，切实提高农村中小学教师待遇；四是加大农村教师培训力度；五是探索校长和教师交流机制等。只有努力做好这些工作，才能切实推进城乡教育均衡发展。

（三）规范办学行为，落实学校的常规管理，是促进城乡教育均衡发展的关键

学校管理的规范化建设是提升教育教学质量的重要抓手。为了让城乡教育一样好，学校务必加强教育管理水平，规范办学行为，落实日常工作，切实提高效率。一是严格执行作息时间。保障学生课内外活动时间，认真落实阳光体育锻炼活动举措，保证学生参加团队活动和社会实践的活动时间。二是切实减轻学生的课业负担。三是规范招生行为。严格实行划片招生政策并灵活处理，对返乡务工人员子女无条件接收入学。四是规范学籍管理。建立健全学生转学、休学、复学等各项管理制度，积极推行学籍信息化管理。五是规范教学常规管理。按规定组织考试，坚持学生全面发展评价机制，创造学生健康成长的良好环

境。六是规范教材教辅管理。七是规范教师从教行为。八是推行校务公开工作，自觉接受社会监督。九是提升功能室的使用效能，让功能室的设备切实为教育教学服务。十是完善学校各项管理考核制度。

（四）强化常态管理，细化落实各级责任，是促进城乡教育均衡发展的保证

强化管理、明确责任、细化措施、落实考核，是当前促进城乡教育均衡发展的根本。要想使教育均衡发展工作上档提速，一是要落实教育主管部门或业务部门对设施配置、业务指导和工作检查的责任。要求各级政府在资源配置时做到均衡，不偏不倚；在督查学校管理和使用时做到严格要求，对不作为的学校予以严肃处理；在指导学校工作时要重心下移。二是要经常开展对各级责任人的业务培训。组织召开各级责任人经验交流现场会、管理培训会等，提高各级责任人的管理水平。三是要落实学校管理的主体责任，强化学校的行政管理。特别是要规范每个学校功能室的精细化管理行为，在校务、教务和财务方面，都要严格按照上级的要求来办。通过建章立制，落实专人进行管理，严禁设备的挪用和闲置，最大限度地提高设备的使用率，充分发挥每个功能室的作用。四是要落实过程督导机制。将每次督导评估的结果与学校的主要领导、分管领导和功能室管理员的绩效考核挂钩。

教育公平是社会公平的基础，城乡教育均衡发展是教育公平的基石，推进城乡义务教育均衡发展是缩小城乡差距、加快城乡一体化进程的重要前提。教育均衡发展问题虽然引起了相关部门的高度重视，也制定了一系列有效的措施，实实在在地做了大量的工作，正朝着健康发展的道路前行，但在实施过程中一定要克服或摒弃某些不良的"政绩观"，还应把重点放在偏远地区和偏远村小，真正填补农村学校这块"短板"，只有如此才能确保城乡教育的均衡发展，进而实现真正的教育公平。

第三节 完善农民就业体系，实现劳有所得

一、进城农民工最关心的问题是收入增长

据 2010 年国务院发展研究中心课题组对 7 个省市的 6232 名农民工的调查，农民工不满意的方面，首先是收入水平，其次是居住、社会保险，再次是医疗、子女教育、培训等。农民工最希望政府做什么？首先，是提高最低工资水平，在做出回答的农民工中占66.3%；其次，是改善社会保险、提供保障住房，分别占 36.3% 和 29.9%；最后，是改善医疗条件、工作环境、子女教育等。农民工不满意和期望解决的问题，居于首位的都是收入问题，前三项中有两项是劳动权益问题。完善收入分配制度、社会保险和劳动条件已成为农民工关注的一个焦点。

共青团中央组织各省相关部门进行的调查，也印证了新生代农民工对其劳动收入问题

的关注。调查进一步表明，劳动收入问题主要有以下几种：农民工工资相对城市职工偏低，且工资以外的收入很少；相对城市职工劳动强度、超长劳动时间来说收入偏低；相对于企业盈利与发展，农民工收入偏低；相对城市物价和生活成本上升，农民工收入偏低；相对在城市的生存发展需要，农民工收入缺乏保障。劳动收入问题反映了农民工对收入提高、生活改善的共同期待。综上所述，农民工收入问题涉及作为收入之源的就业、劳动用工方式、劳资关系、二元体制等多种因素，而收入分配、劳动权益和是否形成平等就业制度是实质内容。在融入城市的进程中，一份有保障的职业和获得合理稳定的劳动报酬，是农民工最基本的需要。

二、农民工转移就业、平等就业及收入增长面临的问题及原因

当前，我国农村劳动力向非农产业和城市的转移已取得巨大成效，但也面临着一些需深入解决的问题。一是农村48%的从业人员已转移到非农产业，农民工成为城市非农产业和常住人口的重要组成部分，但我国仍处于农村人口比重大、区域和城乡差距大、就业压力大与劳动力结构性短缺并存的时期，农村富余劳动力的转移就业还要继续，面对劳动力结构调整、发展方式转变，进城农民工仍面临稳定就业问题。二是为适应农民工进城，国家不断调整政策、推进改革，取消进城就业限制，按照以人为本、公平对待原则，推进权益维护、公共服务和培训，已建立起较完整的政策体系，但城乡二元体制仍在影响农民工获得平等劳动机会的待遇。形成平等就业制度，实现其劳动收入不断增长的目标，仍存在诸多需要解决的问题。

（一）城市就业市场已普遍对农民工开放，但对农民工转移就业和扶持中小企业发展的政策仍不够健全

一是农民工主要就业于城市，但有些城市往往仅考虑本地户籍人口的就业，外来农民工只是从经济发展需要角度间接考虑的因素。农民进城就业仍存在城市某些工作岗位只招用本地户口人员的限制。一些地方推进产业结构升级很少考虑农民工的就业，或为发展国际化都市，提出要把已就业的所谓"低素质"的农民工挤出去。二是农民工主要就业于中小企业、民营企业、劳动密集型产业，对这些企业的发展支持政策仍显薄弱。国家出台了支持中小企业的金融政策，而落实相关金融组织结构、信贷制度上的问题还有待解决。面对产业的地区转移，一些地区只想承接高新技术产业，如何支持劳动密集产业向县域转移，仍有一些问题要解决。三是不发达地区农村以中年为主的富余劳动力就业，有赖于县域小城镇的产业发展、农民及回乡农民工创业，相关支持政策仍需完善。四是就业服务不适应农民工的需要。就业服务信息化程度低，乡镇就业服务十分薄弱，相关政策和用工信息难以及时传递到农民手中。城市公共就业服务机构虽然已对农民工免费服务，但仍沿袭过去以城市居民为主要服务对象的就业服务模式，主要是组织招聘洽谈会或登记介绍，就业一般等待时间长、花费大，不适应农民工的需求。

（二）农民工劳动权益缺失，距离平等获得劳动报酬尚远

这是当前农民工未能实现平等就业的核心问题。平等就业制度包含以下三层内容：一是在就业市场准入上实现劳动者平等获得就业机会的权利，现已基本实现。二是平等获得劳动报酬的权利，这涉及工资、福利和劳动管理制度，包括工资报酬、劳动保护条件、社会保险、休息休假、节假日补贴等权利。在现实生活中，农民工的这些权利严重缺失，并已成为他们关注的一个焦点，同时这也是劳资纠纷、社会冲突集中发生的领域。三是平等就业的延伸层面——实现劳动者平等获得公共资源和公共服务的权利。

目前农民工收入偏低，距离平等获得劳动报酬的目标尚远。一是近年来因劳动力供求偏紧、政府促进平等就业等因素，农民工工资有了较快增长，但在总体上仍然偏低。据国家统计局调查，2009 年我国农民工平均月工资为 1417 元，仅相当于城市在岗职工平均月工资 2435 元的 58%。农民工普遍劳动时间长，平均每月工作 26 天，每周工作 58.4 小时，每月比国家规定多工作 84 小时，折合 10.5 个工作日。按此推算，农民工小时工资只相当于城镇职工的 43%，同工不同酬的问题明显存在。多数企业没有形成通过劳资协商来确定农民工工资及工资合理增长的机制。二是劳动保护条件差。据计生委 2009 年的流动人口监测报告显示，60% 的农业流动人口就业于工作条件差、职业病发生率高和工伤事故频发的低薪、高危行业。超过 1/3 的工作岗位没有任何安全措施，并缺乏安全教育和职业健康监护。工伤、职业病受害者多是农民工。三是缺乏社会保险。尽管农民工参与城镇社会保险在政策上不存在障碍，但参保率依然不高。据国家统计局调查，2009 年雇主或单位为外出农民工缴纳城市保险的比例分别为养老 7.6%、医疗 12.2%、工伤 21.8%、失业 2.3%。在建筑行业该比例仅为养老 1.8%、医疗 4.4%、工伤 15.6% 和失业 1%。

农民工难以平等地获得劳动报酬，既有市场经济背景下劳资关系不对等，又有城乡二元体制造成农民工与城市户籍人口不平等的原因。在市场经济背景下，虽然企业可以自由决定用工和工资数额，工人也可以自由决定接受多少工资和在哪个企业劳动，劳资双方是自由平等的关系，但作为有组织和资本实力的企业，特别是较大企业，根本不可能和每一名工人平等地协商工资、工时和劳动条件。在这个意义上，工人处于弱势地位，这样就决定了工资、劳动条件对企业有利，而工资偏低又会降低劳动积极性，对企业和经济发展都会产生消极影响，这种情况被称为市场失灵。为此，国际上一般采取的措施，是保障劳动者集体交涉和其他集体行动的权利，从制度上保障工人同企业进行交涉时的地位，并对工资、劳动时间和其他劳动条件的标准由法律做出规定，以保护劳动者的权利并维护劳资平等的地位。

我国目前的问题主要表现在三个方面。一是劳资对等关系尚未形成。工资的决定机制受两大因素影响，首先是劳动力的市场供求关系，其次取决于劳动者是否在提高组织程度、维护基本劳动者权益上拥有同企业交涉的平等地位。近年市场劳动力供求偏紧，增强了农民工就业的选择性，推动工资水平上升，但农民工的组织程度、工会维权作用的发

挥，还存在较大问题。据国务院发展研究中心课题组对 6232 名农民工的调查，参加工会的仅占 1/4 左右，认为工会能够代表工人利益的占 46%，但认为工会能够发挥重要作用的仅占 9.9%，认为不能代表农民工利益和没有实际用处的占 43.6%。由于工会维权作用发挥不够，又受到城乡二元体制影响，农民工缺乏城市居民身份和社会保障，不能参与社会管理，处于城市社会的边缘化地位，在劳资关系上，雇主方往往更加处于强势地位，其会影响农民工工资水平及劳动条件的改善。二是政府履行依法保护劳动者权利的职责不到位甚至错位。我国已有维护劳动者权益的法律，但执行情况较差。主要原因是有些城市政府把本地经济 GDP 增长置于维护劳动者权益之上，依法保护劳动者权利的职责不到位。实行分级负担的财政体制，劳动者基于单位的劳动报酬又往往受到地方政府利益的影响。例如，一些地方政府出于短期利益的考虑，默许或纵容雇主不提供法定的劳动保护条件、不给予社会保险等，加大了农民工平等获得劳动报酬权利的困难。三是部分法规不成熟，影响了农民工劳动权益保障。例如，现行城市社会保险的费率标准，对中小企业和农民工来说，缴纳负担较重。据武汉市调查显示，一个农民工交足各项保险，企业要支付 516 元/月，个人要支付 165.7 元/月。农民工实际缴费占到其月均工资 12% 左右，企业成本将增加 1.8%～6%，而许多中小企业的利润也就在 5% 左右，过高的费率影响了企业和农民工参保。

（三）技能培训和职业教育对农民工覆盖面小、效果差

职业培训和教育对农民工的就业、成长和整个经济发展都会起到重要的作用。近几年来，农民工技能的培训有进展，但总体规模较小、质量较差。六成以上农民工外出前没有参加过技能培训，有些培训对其就业帮助不大。进城农民工，特别是新生代农民工，绝大多数期望通过培训学到技能，但得到的培训机会少，或因超时劳动、经济困难，不可能参加培训。农民工技能水平整体偏低，严重影响了他们就业的稳定性和收入增长。

这些问题主要出在培训教育体制上。一是与农民转移就业和进城农民工的培训需求相比，政府投入偏少。二是技能培训和职业教育体制转变滞后，难以适应市场，没有体现出农民工的主体性。沿袭传统的政府主导培训模式，缺乏与市场需求的沟通，农民工缺乏选择权。培训管理条块分割，资源分散，导致培训基础设施建设和师资队伍建设比较滞后，培训内容更新缓慢，管理纵向分割影响了产学的横向结合。管办不分，监管存在漏洞，违法乱纪现象屡禁不止，影响了政府投入的效果。公办、民办培训机构规范有序公平竞争的秩序还有待形成。三是受二元体制影响，城市尚未很好地将农民工纳入培训服务体系。四是企业作为培训主体，多是对农民工重使用轻培训，或只使用不培训。

三、完善就业政策、加快构建城乡平等就业制度的建议

根据经济结构和劳动力市场出现的新变化，新时期要继续促进农村富余劳动力多渠道转移和进城农民工稳定就业，把提升农民工就业技能作为关键，把改善劳资关系和平等获

得劳动报酬作为重点，夯实农民工市民化的基础。

（一）继续把扩大农民非农就业放在突出位置，促进进城农民工稳定就业

一是产业、企业发展政策要密切联系积极的就业政策。推进产业结构调整要顾及和满足农村劳动力转移就业和进城农民工稳定就业的现实要求。大力推动高新技术产业、资金密集产业和劳动密集型产业均衡发展，促进传统产业改造创新，稳定和提高企业就业吸纳能力；积极发展服务业，既加快现代服务业发展，也推动家政等传统服务业的细分和升级，适应不同层次的市场需求，培育就业新的增长点；从中小企业创业发展、经营和技术创新、流通、金融服务、财税制度、协作组织等方面进一步完善法律、政策，为中小企业创造有利的发展环境，促进中小企业与大型骨干企业共同发展，增加农民工就业机会。

二是城市发展政策要增强对农民工的吸纳能力及保障农民工稳定就业的能力。发展城市群，巩固和扩大农民工就业，加强区域规划的协调作用，通过产业政策引导，促进以大城市为中心、中小城市和小城镇为支撑的城市群发展。加快城市群内基础设施建设，实现资源共享，提高中小城市和小城镇的产业和人口聚集能力、服务水平和居住质量，减轻大城市资源环境过载压力，形成大城市和中小城市、小城镇产业分工协作、人口均衡分布、经济错位发展和社会共同进步的协调发展局面。大中城市特别是中等或中大城市要继续改善农民工的就业环境和条件，提高其就业质量，保护农民工自谋职业的积极性，使之成为吸纳农民工的重要场所。大力促进县域经济和小城镇发展，抓住产业转移的有利时机，促进特色产业、优势项目向县城和重点镇集聚，加强区域市场建设，发展产业集群，延长农产品加工产业链条，发展旅游服务业，吸纳农村人口就近转移和集中。

三是区域发展政策要促进农村劳动力的多渠道转移。东部沿海地区和大中城市在产业升级过程中要通过大力发展产业集群、延长产业链条和积极发展服务业，稳定和扩大农民工外出务工就业；中西部地区要积极承接沿海产业转移，以政策和服务引导城市资金、技术、人才向县域流动，推进乡镇企业结构调整和产业升级，拓展农村非农就业空间，扶持发展农产品加工、运销、服务，为农民就近转移就业创造有利条件。在信贷、税收、用地等方面实施优惠措施，扶持农民、返乡农民工创业，以创业促就业。

四是健全人力资源市场和覆盖农民工的公共就业服务，发展城乡一体的就业信息化服务。推进乡镇就业和社会保障基础设施建设，建立农村劳动力资源登记系统，实行城乡统一的就业登记制度，推进城乡就业服务的信息对接和跨地区就业服务的信息对接，鼓励公共就业服务和社会多方服务的合作，加强政府公共就业信息服务对农村劳动力转移就业和合理流动的指导作用。

（二）构建和谐的劳资关系和平等就业制度，建立农民工工资合理增长机制

一是加强政府对农民工劳动权益的依法保护。这对保护包括农民工在内的职工权益，以及劳资双方、企业发展和全社会都是有益的。各级政府要进一步转变观念，履行依法保护农民工劳动权益的职能。继续完善最低工资标准制度，根据经济发展情况及时提高最低

工资标准，使农民工生活水平随经济发展同步改善。加大执法力度，加强对用人单位订立和履行劳动合同的指导和监督，加强安全管理、职业卫生管理和劳动保护，提高处理劳动争议和保护劳动权益效能。

二是健全工会组织，促进劳资集体协商。按照《工会法》建立并完善工会组织，支持农民工加入工会，切实发挥工会的维权作用。加快建设企业劳资集体协商，或政府派员参与的三方协商机制，形成规范合理的工资共决、支付保障和正常增长机制，保障包括农民工在内的职工收入与企业效益联动。在集体协商发生劳动争议时，政府主管部门给予调解和仲裁。

三是引导企业建立互利共赢、和谐稳定的新型劳资关系。劳资双方的利益既统一于企业发展，又在分配环节存在利益的对立。健全工会，增强工人与资方谈判的平等地位，不是要加强劳资对立，而是以对等促互利，在平等互利基础上构建劳资合作发展的机制。要引导企业特别是雇主，作为处理劳资矛盾的主体，树立以人为本的发展理念，尊重劳动者劳动权益，建立劳动者与企业共同成长的发展机制。在劳动力供求发生变化、劳动者作为发展的首要能动因素的地位更清晰的情况下，企业应革新劳资关系，将员工作为企业的主体，平等对待农民工，让其实现安全、体面的劳动目标，在集体协商中获得合理的劳动报酬，增加工龄工资，提供培训成长机会，齐心合力获得企业创新发展。

（三）发展面向全体农民工的职业培训和教育

加强农民工转移就业培训，对农民工全面开展职业培训和教育，不但是促进就业和提高农民工收入的需要，而且是企业技术创新和产业升级的需要，还是国家转变发展方式、提高国际竞争力的需要。这种培训教育具有公益性，要加大公共投入力度。企业和农民工个人的需求千差万别，要按市场机制进行。一是要把转移就业农民和进城农民工纳入国民培训教育体系，形成政府、企业、劳动者、培训机构共同推进，以市场为导向，农民工提高就业能力为目标，充分尊重农民工的自主选择权，多方受益，建立充满活力的教育培训机制。二是以促进转移就业为目标，加大对农村富余劳动力、"两后生"技能培训的投入力度，推行"培训券"制度，实施订单式培训，培训机构公平竞争，政府购买培训服务，推进培训就业一体化，逐步将以培训为主转变到以免费职业教育为主。三是城市加大农民工培训教育的公共投入力度，强化企业培训责任，发挥行业组织的作用，调动农民工参加培训的积极性，让企业培训开发、公共职业培训、跟师学艺培训都得到发展，鼓励农民工经过鉴定获得培训合格证书、职业资格证书，以技能促进就业、发展和农民工收入的增长。

结　语

农业是我国国民经济的基础，关系到一个国家的兴旺发达。"乡村振兴战略"的提出，为农业经济的发展提供了契机，有利于新工艺、新技术的推广，有利于推动农业向机械化和现代化方向发展，并为农业产业结构优化和调整创新了有利条件。但是我国农业经济发展与西方发达国家相比，存在明显的不足，主要表现在农业技术、产业结构、机械化水平及农民的综合素质，并在一定程度上影响到农业经济的发展，而"乡村振兴战略"的提出，正好可以弥补这些不足，从而促进农业经济更好发展。

农业是我国国民经济建设和发展的基础，只有大力发展农业经济，才能有效提高我国国民经济发展水平，实现繁荣昌盛、强国的发展目标。由于我国幅员辽阔，地区农业经济发展差异加大，而一些偏远的农村，不仅无法接触现代化生产模式，而且很难得到国家投入相关政策的支持，在很大程度上限制了这些地区农村农业经济的发展。因此，在乡村振兴背景下，必须要意识到"乡村振兴战略"的作用和机制，坚持实事求是的原则，充分利用每一项农业资源，调整农村产业结构，应用并推广新技术，加强农业经济现代化建设，促进我国农业经济实现持续发展。

"乡村振兴"是我国一项重要的发展战略，关系到国家的繁荣昌盛。因此，必须要高度重视并大力发展农业经济，根据我国农业实际情况转变农业经济发展结构，优化和调整农业产业结构，合理使用农业资源，注重农业生产新技术和新工艺的应用和推广，并提高我国农民的综合素质，只有这样才能满足"乡村振兴战略"的要求，推动我国农业经济发展，提升农村地区农民的生活水平，促进农业生产向现代化方向发展。

参考文献

[1] 郭莉，王海明．"乡村振兴"战略下新农村生态景观体系的构建 [J]. 延安职业技术学院学报，2021，35(02)：1-3.

[2] 宋棠．从"新农村建设"到"乡村振兴"[J]. 文化纵横，2021(02)：101-108.

[3] 王颖．产业兴旺助力乡村振兴 建设美丽新农村：抚宁区乡村振兴发展情况调研报告 [J]. 统计与管理，2021，36(05)：15-18.

[4] 金燕子．新农村建设背景下的农业经济发展趋势及建议 [J]. 农家参谋，2021(05)：111-112.

[5] 潘建宏．新农村"乡村振兴"背景下农业经济管理再谈 [J]. 中国产经，2021(03)：69-70.

[6] 廖原，裘黎英，杜江萍．乡村振兴战略视域下的近郊农村建设创新与实践 [J]. 建设科技，2021(02)：74-76.

[7] 尹莉．新农村建设背景下的农业经济发展趋势及建议 [J]. 农家参谋，2021(02)：88-89.

[8] 李佳松．培育乡村振兴人才 建设幸福美丽的现代化新农村 [N]. 佳木斯日报，2021-01-14(003).

[9] 杨洪秀，王蕾．乡村振兴背景下高校图书馆对新农村建设的作用——评《高校图书馆学科化服务创新研究》[J]. 热带作物学报，2020，41(12)：2631-2632.

[10] 张珍．"乡村振兴"战略下农村职业教育的发展路径研究 [D]. 南京邮电大学，2020.

[11] 高见．乡村振兴背景下新农村建设中农业经济管理现状与对策 [J]. 乡村科技，2020，11(34)：29-30.

[12] 傅厚春．乡村振兴视角下新农村档案建设工作研究 [J]. 兰台世界，2020(12)：86-89.

[13] 李盼杰．我国乡村振兴扶持政策的梳理及其优化路径 [J]. 知与行，2020(06)：60-68.

[14] 崔宝敏．新农村文化建设的当代建构与乡村振兴路径探索 [J]. 经济理论与政策研究，2019(00)：93-114.

[15] 高彩娥．基于新农村建设背景探析农村经济发展路径 [J]. 商讯，2020(29)：141-142.

[16] 康钰溥．新农村建设背景下的农业经济发展趋势及建议 [J]. 现代农业科技，2020(19)：237-238.

[17] 韩宁，李清．乡村振兴视野下地域文化在新农村环境设计中的应用研究 [J]. 农村经济与科技，2020，31(16)：225-226.

[18] 程艳，韦丽维，黄秀玲．乡村振兴战略背景下新农村建设现状及对策：以桂平市中沙镇上国村为例 [J]. 乡村科技，2020，11(22)：8-10.

[19] 惠志丹．乡村振兴战略背景下农业高校服务乡村人才振兴研究 [D]. 华中农业大学，2020.

[20] 项显淙．乡村振兴视角下农村新建住宅建筑设计研究 [D]. 湖北工业大学，2020.

[21] 杨敏．新农村建设背景下农村经济发展的困境探讨 [J]. 科技经济导刊，2020，28(19)：222.

[22] 李万霞．新农村建设背景下农村经济发展的思考与实践 [J]. 科技经济导刊，2020，28(19)：227.

[23] 任云鹏．乡村振兴战略背景下发挥高校图书馆对新农村建设作用 [J]. 农业经济，2020(06)：116-118.

[24] 郭晓旭．乡村振兴战略背景下乡风文明建设路径研究 [D]. 沈阳农业大学，2020.

[25] 颜青．乡村振兴战略背景下农村基层党组织建设问题与路径研究 [D]. 东北石油大学，2020.

[26] 张译木．乡村振兴战略下农民思想政治教育效能提升研究 [D]. 吉林大学，2020.

[27] 方茜雯．乡村振兴战略下《人民日报》乡村形象建构研究 [D]. 湖南师范大学，2020.

[28] 李珍珍．乡村振兴战略下我国农村职业教育推进研究 [D]. 山西大学，2020.

[29] 张静静．乡村振兴战略背景下中西部农村教育现代化研究 [D]. 扬州大学，2020.

[30] 郭建波．新农村建设背景下农村经济发展路径分析 [J]. 农家参谋，2020(16)：4.

[31] 耿建磊．建设美丽乡村促进新农村经济发展 [J]. 中国市场，2020(15)：49-50.

[32] 吴玉转．乡村振兴战略的创新及时代价值研究 [D]. 华南理工大学，2020.

[33] 杨伟荣．中国乡村发展伦理研究 [D]. 南京师范大学，2020.

[34] 管文行．乡村振兴背景下农村治理主体结构研究 [D]. 东北师范大学，2019.

[35] 司马才旺．新农村建设背景下农村经济发展路径分析 [J]. 山西农经，2019(15)：71.

[36] 邵广毅．新农村经济发展中农民住房建设问题研究 [J]. 今日财富，2019(15)：21-22.

[37] 赵艳华．农村文化建设中的思想政治教育研究 [D]. 南京工业大学，2019.

[38] 汪健．新农村建设背景下农村经济发展的困境分析 [J]. 现代农业研究，2019(02)：19-20.

[39] 秦妍．我国乡村振兴的目标评价体系构建研究 [D]. 厦门大学，2018.

[40] 柴心仪．新农村建设视阈下农业经济的管理发展策略研究 [J]. 经贸实践，2018(02)：168.